Roland Walter Moser

Zum Christlichen Eheverständnis

Roland Walter Moser

Zum Christlichen Eheverständnis

Fromm Verlag

Imprint

Cover image: www.ingimage.com

Publisher:
Fromm Verlag
is a trademark of
International Book Market Service Ltd., member of OmniScriptum Publishing Group
17 Meldrum Street, Beau Bassin 71504, Mauritius

Printed at: see last page
ISBN: 978-613-8-36046-9

ROLAND W. MOSER

ZUM CHRISTLICHEN EHEVERSTÄNDNIS

-

Im Gedenken an

Pater Basil (Franz Xaver) Studer OSB

Dr. theol., Dr. h.c., em. Professor

(15. Mai 1925 - 25. April 2008)

Kloster Engelberg

R. I. P.

INHALT

GELEITWORT

Über einen Text hinaus sollte man nach dem Mann, seinen Überzeugungen, seinem Glauben und seiner Gründlichkeit suchen. Im Buch von Roland Moser zu lesen ist ein intellektuelles Vergnügen und eine Einladung, das Netz tief zu werfen. Aber für diejenigen, die eine menschliche Wahrheit suchen, deren Wurzeln göttlich sind, ist es wichtig, sich von einer unsichtbaren Hand für profanen Augen leiten zu lassen, eine Hand, die uns einlädt, über die Banalität von Pseudowahrheiten hinauszublicken und vor allem über die menschliche Endlichkeit. Die Denkweise von Roland Moser, egal zu welchem Thema, ist eine Aufforderung zur Herausforderung und Strenge. Und vor allem ist es eine Einladung zu einer fordernden Freiheit, die der königliche Weg zur Erfüllung des Menschen in jedem Mann und in jeder Frau ist, die von Gott geschaffen wurden und deren Mission es ist, Mitschöpfer zu sein und dabei zu sein in der Lage, mit seiner Liebe zu leben und sie mit allen Kreaturen zu teilen. Die Beziehung zwischen einem Mann und einer Frau ist niemals ein Zufall des Lebens. Dies entspricht einer Berufung und einem Weg des Glücks, der fordernd, aber so lohnend ist. Diese menschliche Liebe geht weit über den gesetzlich-sozialen Rahmen hinaus, der durch soziale, politische oder historische Eventualitäten vorgegeben ist. Christ sein ist eine Gnade und eine anspruchsvolle Lebensweise. Die christliche Ehe kann daher nur im primären Sinne sakramental sein. Einen solchen Weg zu den jungen Menschen unserer Zeit anzubieten, bedeutet, ihnen eine Wahl des Lebens zu bieten, der ihre wahre Freiheit und Würde als Söhne und Töchter Gottes respektiert.

Die christliche Ehe war noch nie eine einfache Wahl. Weder gestern noch heute. Mit der modernen Konsumgesellschaft werden die Herausforderungen immer zahlreicher. Die Tür, die zur wahren Liebe und zum wahren Glück führt, ist eng wie der Weg der wahren Freiheit. Denen, die nach Wahrheit und Freiheit suchen, kann das Buch helfen, um die Augen für einen verborgenen Schatz zu öffnen, der verdient, zum höchsten Preis angeeignet zu werden. Wahre Liebe kann zu großen Opfern führen. Der Weg der Banalität ist einfach, stillt aber nie den Durst nach Größe und Fülle. Die Geschichte von der Begegnung Jesu mit der Samariterin zeigt deutlich, welches Wasser das Herz eines Mannes oder einer Frau befriedigen kann, die auf der Suche nach einer menschlichen Liebe ist, die die Merkmale einer göttlichen Liebe trägt.

Diese bescheidene Einführung ist nur Ausdruck einer Freundschaft und Wertschätzung, die mich an Roland Moser bindet. Es dauerte eine kurze Zeit, bis ein tiefer Dialog stattfand. Es ist mir eine Ehre, zu diesem schönen und tiefgründigen Text, der den Lesern vielfältige Perspektiven eröffnen kann, das Geleitwort zu schreiben.

P. Antoine Abi Ghanem

Der Dom von Arlesheim Basel-Land
Foto: Roland Moser

PROLOG

Das Verständnis der Ehe hat sich seit der Geburt Jesu stark geändert. Gelegentlich könnte der Eindruck entstehen, dass das Zusammenleben in beliebigen Konkubinaten werde von Staat noch gefördert, während die rein kirchliche Trauung erschwert oder bestraft wird. In unserer pluralistischen Gesellschaft entschliessen sich immer weniger Paare zu einer kirchlichen sakramentalen Trauung. Es gibt Lebenssituationen, die eine kirchliche sakramentale Trauung sogar zu verunmöglichen scheinen. In der Schweiz verbietet das zivile Recht einem Paar die religiöse Form der Eheschliessung, bevor es zivilrechtlich geheiratet hat. Das Voraustrauungsverbot (Art. 97 Abs. 3 ZGB) ist ein Sonderthema im Spannungsfeld der christlichen Eheschliessung. Es ist ein Relikt aus dem Kulturkampf und ein Stolperstein auf dem Weg zum Tor der kirchlichen Trauung.

«Veritatem sequimur,
errores et praejudicia profligamus.»[1]

Das komplexe Thema «Eherecht» hat bis zum heutigen Tag seine Aktualität nicht eingebüsst. Es wurde sogar in der Berner Tageszeitung «Der Bund» vom 6. August 2019 (Seite 23) sehr fundiert entfaltet. «Die Kirchen tun sich schwer mit der Ehe für alle», erklärt der katholische Ethik-Professor Alberto Bondolfi. Auch der Schweizerische Evangelische Kirchenbund tut sich schwer mit der kirchlichen Trauung homosexueller Paare. Kirchenbund-Präsident Gottfried Locher sagt «deutlich Ja zur gleichgeschlechtlichen Ehe samt Trauung.» «Doch die Basis ist gespalten.»[2] Das Christliche Eheverständnis war während vieler Jahre eine Auseinandersetzung zwischen Kirche und Staat. Das sog. «Voraustrauungsverbot» gilt sogar heute noch. Ein Verstoss gegen dieses Gesetz durch den Pfarrer wird jedoch nicht mehr bestraft-Das Gesetz ist eine «lex impertecta». Der Ehebund wurde nicht von den Christen erfunden. Ehen gibt es auch ausserhalb des christlichen Umfeldes. Die Ehe ist ein vor- und ausserchristliches Rechtsinstitut, das im Christentum jedoch eine besondere Prägung erfahren hat: Einheit, Unauflöslichkeit und Sakramentalität. Der alttestamentliche Schöpfungsbericht (Genesis) baut auf der Komplementarität der Geschlechter auf: «Als Mann und Frau schuf er sie.» (Gen 1,28c). Das Zusammenleben in menschlichen Gemeinschaften ist bereits im mosaischen Gesetz (Dekalog) grundgelegt (Ex 20). In den verschiedenen Kulturen und im Laufe der Geschichte hatte die Ehe unterschiedliche Bedeutung. In unserer pluralistischen Gesellschaft entschliessen sich immer weniger Paare zu einer kirchlichen sakramentalen Trauung. Weshalb ist das so? «Veritatem sequimur, errores et praejudicia profligamus.» Wahrheitssuche

---

[1] Aus Albrecht von Hallers Ernennungsbrief zum Mitglied der Königlichen Akademie der Wissenschaften in Uppsala, 1733 (zit. bei Hintzsche, E.: Gesnerus 16, 1, 1959).

[2] Michael Meier: «Ja zur kirchlichen Trauung für Schwule und Lesben.» (In: Berner Tageszeitung «Der Bund» vom 16. August 2019, Seite 1).

ist nicht Wahrheitsfindung. Auf der ganzen Welt herrschen Kriege um Machtansprüche. Wirtschaftliche Kriege, Wahrheitsansprüche, Streit in den Familien, Religionskriege, Konfessionskriege bis zum «Jüngsten Gericht» Das Hochethos Jesu Christi ist Nächstenliebe und Feindesliebe. Jesus erweitert und überbietet in der Bergpredigt das Gebot der Nächstenliebe (Mt 5,43-48). Die Überwindung von Hass und die Feindesliebe ist eine wichtige Grundlage der Christlichen Friedensethik. «Caritas Christi urget nos» (2 Kor 5,14).

«STAT CRUX DUM VOLVITUR ORBIS»

Vor bald zweitausend Jahren lehrte Jesus Christus den Menschen in seiner Muttersprache (Aramäisch) das Gebet VATER UNSER IM HIMMEL

ܨܠܘܬܐ ܡܪܝܢܝܬܐ

ܐܒܘܢ ܕܒܫܡܝܐ ܢܬܩܕܫ ܫܡܟ ܬܐܬܐ
ܡܠܟܘܬܟ ܢܗܘܐ ܨܒܝܢܟ ܐܝܟܢܐ
ܕܒܫܡܝܐ ܐܦ ܒܐܪܥܐ ܗܒ ܠܢ ܠܚܡܐ
ܕܣܘܢܩܢܢ ܝܘܡܢܐ ܘܫܒܘܩ ܠܢ ܚܘܒܝܢ
ܐܝܟܢܐ ܕܐܦ ܚܢܢ ܫܒܩܢ ܠܚܝܒܝܢ
ܘܠܐ ܬܥܠܢ ܠܢܣܝܘܢܐ ܐܠܐ ܦܨܢ ܡܢ
ܒܝܫܐ ܡܛܠ ܕܕܝܠܟ ܗܝ ܡܠܟܘܬܐ ܘܚܝܠܐ
ܘܬܫܒܘܚܬܐ ܠܥܠܡ ܥܠܡܝܢ ܐܡܝܢ

Abwûn d'bwaschmâja

Nethkâdasch schmach
Têtê malkuthach
Nehwê tzevjânach aikâna d'bwaschmâja af b'arha
Hawvlân lachma d'sûnkanân jaomâna
Waschboklân chaubên (wachtahên) aikâna daf chnân schvoken l'chaijabên
Wela tachlân l'nesjuna ela patzân min bischa
Metol dilachie malkutha wahaila wateschbuchta l'ahlâm almîn.
Amên.

Und im vierten Jahrhundert entfaltete der Heilige Patrick (Pádraig) von Irland, dessen Gedenktag der 17. März ist, seinen Landsleuten an dem kleinen dreiblättrigen Kleeblatt, dem Shamrock, das nur in Irland wächst, die Trinitätslehre, die Heilige Dreifaltigkeit.

Exkurs: In unserer Zeit bringt der Pelikan von seinem Nest hoch oben im Giebel des Hauptportals des Berner Burgerspittels die Frohe Botschaft. das Evangelium – ευαγγέλιο – zu den dort lebenden alten und behinderten Mitmenschen. Nach einer antiken Legende geben die Pelikane den Jungen ihr eigenes Blut zum Trinken. Pelikane sind Symbol und Metapher für Jesus, der sich hingab (Kenosis), der Knechtsgestalt annahm und am Kreuz erhöht wurde (Phil 2,5-11. Über dem Hauptportal steht die Inschrift «CHRISTO IN PAUPERIBUS» und die Jahreszahl MDCCXLI (1741)[3]. «*Seid stets bereit, jedem Rede und Antwort zu stehen, der nach der Hoffnung fragt, die euch erfüllt.*» (1. Petr 3,15).

Der Pelikan im Dachgiebel über dem Hauptportal des Berner Burgerspittels
Foto: Frau Marianne Bartlome-Michel, Spittelpfarrerin

«Die Christen der ersten Jahrhunderte hielten sich in ihrem Eheleben wie auch in anderen Bereichen an das Brauchtum und die Gesetzgebung ihrer Umwelt, soweit diese nicht dem Evangelium widersprachen» (*Basil Studer*)[4]. In der *Epistula ad Diognetum* entfaltet um das Jahr 200 ein uns unbekannter Verfasser einen Grundzug des Ehelebens der Alten Kirche: «Die Christen heiraten wie alle, . . . Auf Erden weilen sie, aber im Himmel sind sie Bürger. Sie gehorchen den erlassenen Gesetzen, und mit der ihnen eigenen Lebensweise überbieten sie die Gesetze.» Das Zusammenleben in menschlichen Gemeinschaften ist im mosaischen Gesetz (Dekalog) grundgelegt. In verschiedenen Kulturen und im Laufe der Geschichte hatte die Ehe unterschiedliche Bedeutung. Die Ehe ist ein vor- und ausserchristliches Rechtsinstitut, das im Christentum eine besondere Prägung erfahren hat: Einheit, Unauflöslichkeit und Sakramentalität (Can. 1056). Die staatliche Gesetzgebung hat sich geändert, das Evangelium nicht.

Die rein kirchliche Trauung (*Matrimonium mere ecclesiasticum*) ist ein Sonderthema im Spannungsfeld zwischen kirchlicher Ehe und Ziviltrauung vor dem Hintergrund des in der Schweiz geltenden Voraustrauungsverbots (Art. 97 Abs. 3 ZGB). Zwischen Getauften kann es keinen gültigen Ehevertrag geben, ohne dass er zugleich Sakrament ist (Can. 1055 § 2 CIC 1983). «Ehe und Familie sind keine menschliche Erfindung, sondern gründen in der Natur von Mann und Frau. In der Bibel wird der Mensch als Geschöpf und Abbild Gottes gezeigt und Gott selbst als Liebe. Deshalb wird der Mensch durch die Berufung zur Liebe zum

---

[3] Roland Walter Moser: WOHNEN IM ALTER – GeDanken für das Leben im Burgerspittel. Verlag Fromm Saarbrücken (2017). ISBN 978-3-8416-0978-6.

[4] Basil Studer OSB: Zur Hochzeitsfeier der Christen in den Westlichen Kirchen der ersten Jahrhunderte. In: La Celebrazione Cristiana del Matrimonio. Simboli e Testi. Atti del II Congresso Internazionale di Liturgia, Roma, 27-31 maggio 1985. Studia Anselmiana 93, Analecta Liturgica 11, Roma 1986.

wahren Abbild Gottes. Er wird Gott ähnlich, insofern er zu jemandem wird, der liebt.» *Papst Benedikt XVI.*)[5].

Das staatliche Eheschliessungsrecht in der Schweiz (und auch in anderen Staaten) ist geprägt vom Kompetenzanspruch des modernen Staates über die Ehe und von einem säkularisierten Eheverständnis. «Wer die Welt und die Kirche von heute verstehen will, wer verantwortlich ihre Zukunft mitaufbauen will, muss die Vergangenheit kennen» sagte *Papst Johannes Paul II.* im April 2004 in einer Botschaft[6]. Das gilt auch für das komplexe Eherecht in seinem geschichtlichen Entstehungszusammenhang.

Im zweiten Jahrtausend vor Christi Geburt finden sich bereits erste Ansätze eines Eherechts. *Hammurabi*, König von Babylon (1728-1686 v. Chr.), schuf die bedeutendste Gesetzessammlung des Alten Orient. Sein höchster Ruhm war es, den sozial Schwachen und Entrechteten zur Seite zu stehen. Der *Codex Hammurabi* (Hammurapi), der älteste bekannte Gesetzestext der Welt, kennt bereits vorchristlich ein Ehescheidungsverbot (§ 148) (18). Das Zusammenleben in menschlichen Gemeinschaften ist im mosaischen Gesetz (*Dekalog*) grundgelegt (Ex 20). In den verschiedenen Kulturen und im Laufe der Geschichte hatte die Ehe unterschiedliche Bedeutung. Der Ehebund wurde nicht von den Christen erfunden. Ehen gibt es auch ausserhalb des christlichen Umfeldes. Die Ehe ist ein vor- und ausserchristliches Rechtsinstitut, das im Christentum eine besondere Prägung erfahren hat: Einheit, Unauflöslichkeit und Sakramentalität (Can. 1056).

Gesegnet sei das Band, das bindet
Thornton Wilder

Die Christen der ersten Jahrhunderte hielten sich in ihrem Eheleben wie auch in anderen Bereichen an das Brauchtum und die Gesetzgebung ihrer Umwelt, soweit diese nicht dem Evangelium widersprachen. In der sog. *Epistula ad Diognetum* entfaltet um das Jahr 200 der uns unbekannte Verfasser dieses Textes einen Grundzug des Ehelebens der Alten Kirche: «Die Christen heiraten wie alle, zeugen und gebären Kinder; aber sie setzen die Neugeborenen nicht aus. Ihren Tisch bieten sie als gemeinsam an, aber nicht ihr Bett. Im Fleisch befinden sie sich, aber sie leben nicht nach dem Fleisch. Auf Erden weilen sie, aber im Himmel sind sie Bürger. Sie gehorchen den erlassenen Gesetzen, und mit der ihnen eigenen Lebensweise überbieten sie die Gesetze.» Der griechische Text findet sich bei *Marrou*[7] und *Munier*[8].

---

[5] Papst Benedikt XVI.: Kongress der Diözese Rom zum Thema «Familie und christliche Gemeinde». Zenit.org., Rom, 7. Juni 2005.

[6] Papst Johannes Paul II. (1978-2005): Unmenschliche Handlungen und Blutvergiessen stehen dem Willen Gottes entgegen. L'Osseravtore Romano, 34. Jahrgang, Nummer 17-23. April 2004.

[7] Henri Irénée Marrou: A Diognète. Introduction, Édition critique, Traduction et Commentaire. Sources Chrétiennes, No 33 bis, 2e Édition. Éditions du Cerf, 29, Bd de Latour-Maubourg, Paris (1965). Epistula ad Diognetum V, Nr. 6-10, Nr. 59, pp. 62-65.

Epistula ad Diognetum (um 200)

6. Γαμουσιν ώς πάντες, τεκνογονουσιν άλλ' ού ρίπτουσι τά γενώμενα. 7. Τράπεζαν κοινήν παρατίδενται, άλλ ού κοίτην. 8. ' Ενσαρκί ' τυγχάνουσιν, άλλ' ού κατά σάρκα ' ξώσιν. 9. Επί γης διατρίουσιν άλλ' έν ουρανώ πολιτευονται. 10. Πείθουται τοίς ώρισμένοις, νόμοις καί τοίς ίδίοις βίοις νικώσι τούς νόμους.

In jener Zeit war Heiraten eine teure Angelegenheit. Mägde und Knechte, die vom Sonnenaufgang bis zum Sonnenuntergang zu arbeiten hatten, konnten sich eine Heirat gar nicht leisten. Und schon damals gab es Witwen, die ihren Ehemann infolge Krankheit, Unfall, Mord und Totschlag oder im Krieg in jungen Jahren verloren hatten. An eine Wiederverheiratung durften sie kaum denken. Einkommen, das nicht auf Arbeitsleistung beruht, sondern als Unterhalts- und Fürsorgeleistungen vom Staat, von gesetzlichen oder privaten Renten- und Unfallversicherungen gezahlt wird, war unbekannt. Das Problem des aufgrund existentieller Bedrohung frei gewählten Konkubinats, das bei manchen Katholikinnen und Katholiken womöglich mit Gewissensqualen verbunden sein kann, ist also nicht neu.

Es ist ein weiter und geschichtsträchtiger Weg von jener Zeit bis zu dem Tag, wo sich das Problem der Verheiratung von Witwen und Rentnern in der heutigen Form stellte. Mit dem Voraustrauungsverbot entstand eine Zweispurigkeit der Eheschliessung. Das Problem der «Witwen- und Rentnerehen», tauchte erst nach dem Zweiten Weltkrieg auf. Die Situation spitzte sich in den fünfziger Jahren zu als immer mehr Fälle von «Rentenkonkubinat» bekannt wurden. Es handelte sich dabei um Kriegswitwen, die in einem ehelichen Verhältnis lebten, die Zivilehe aber scheuten, da sie auf den Erhalt ihrer Witwenrente angewiesen waren. Das Thema, welches dem Episkopat grosse Sorgen bereitete, wurde von den Deutschen Bischöfen auf der Plenarkonferenz vom 31. August bis 2. September 1954 in Fulda verhandelt.

Bei diesen Ehepaaren stand nicht das Augustinische «*bonum prolis*» im Vordergrund stehen, sondern vielmehr der personale Bund, die gegenseitige Liebe und das Wohl der Ehegatten, die Lebensgemeinschaft, derjenige *Bund* (Can. 1055 § 1). der Eingang in den Codex gefunden hat (*Vaticanum II*: Gaudium et spes GS 50).

Ausgelöst durch die Erfahrung, dass es auch in unserer säkularisierten Gesellschaft Menschen gibt, die seelisch leiden müssen, wenn ihnen in der Schweiz nicht gestattet wird, aus religiösen Motiven eine kirchliche Ehe zu schliessen, ohne (vorher) auch zivilrechtlich zu heiraten, soll hier über das Problem der «rein kirchlichen Trauung ohne zivilrechtliche Wirkung» berichtet und die Rechtslage dargestellt werden. Im Vordergrund stehen ausschliesslich existentielle Härtefälle gläubiger Katholiken, deren Eheband durch den Tod eines Partners aufgelöst wurde. (Can. 1141). Gemeint sind also konkrete Lebenssituationen, wo eine zivile

[8] Charles Munier: Ehe und Ehelosigkeit in der Alten Kirche (1.-3. Jahrhundert). Aus dem Französischen ins Deutsche übertragen von Annemarie Spoerri. Verlag Peter Lang AG, Bern (1987). ISBN 3-261-03513-7. Epistula ad Diognetum V, Nr. 6-8, Nr. 59, S. 90.

Heirat unmöglich erscheint, weil das Gesetz (Art. 97 Abs. 3 ZGB) nicht bloss ein «Weniger an Luxus» zur Folge hat, sondern in eine existentielle Notsituation führt, wo wiederum der Staat oder andere Institutionen um Unterstützung gebeten werden müssten.

Warum dann nicht einfach das Konkubinat, das der Staat gestattet, als Lebensform wählen? Die Antwort aus der Praxis lautet: Weil es getaufte Brautpaare gibt, die ganz besonderen Wert auf die *Einheit*, *Unauflöslichkeit* und *Sakramentalität* (auf das siebte Sakrament) ihrer Ehe legen! (cc. 1055, 1056). Es könnte sein, dass es sich hier, in unserer globalisierten, laizistischen, am Wirtschaftswachstum orientierten Gesellschaft eher um eine zeitgemässe Unzeitgemässheit handelt.

Das Eherecht ist jener Teil des *Sakramentenrechts* (cc. 1055-1165) der für die pastorale Arbeit relevant und sehr anspruchvoll ist. In der Kanonistik fallen etwa 20-40% der Literatur und der Arbeiten auf das Eherecht, dem eine überproportionale Bedeutung zukommt. Auch mit einer umfangreichen Literaturrecherche wird es daher kaum gelingen, neue Aspekte zu beleuchten oder sogar neue «Forschungsergebnisse» vorzulegen. Es scheint mir daher angemessen und gut, schon an dieser Stelle mit *Herodot* einzugestehen: «*Relata refero*», ich berichte (nur) das Berichtete (in dem Sinne: Ich berichte nur, was mir berichtet wurde (*Bartels*)[9].

Ich möchte versuchen, die vorgegebenen Rechtsgrundlagen (Art. 97 Abs. 3 ZGB) im Hinblick auf ihre Menschenfreundlichkeit, das *Humanum*, und auf ihre Lebensförderlichkeit, die *Biophilie*, hin zu beleuchten und mögliche pastorale Lösungsansätze zu entfalten, denn Recht, Moral, Theologie und Arzttum stehen in einer wichtigen interdisziplinären Beziehung und Wechselwirkung zueinander. Sie haben eine gemeinsame Schnittmenge: Das Gute tun, das Übel meiden, Unversehrtheit an Leib und Leben, Humanum und Biophilie. Der Mensch ist ein soziales Wesen, ein *zoon politicon* (*Goldmann*)[10]. Am Anfang stehen Hilfe und Rat suchende Mitmenschen. Das gilt nicht nur für den Arzt und den Ethiker, sondern ebenso sehr für den Gesetzgeber sowie den Rechtsanwalt und den Priester. Können sie helfen? Dürfen sie helfen? Ihr Tun oder Lassen muss sich an rechtlichen Vorgaben (Gesetzen) orientieren. Recht kann auch Unrecht schaffen. Bisweilen steht einer rechtlichen Vorgabe eine Forderung des Gewissens entgegen. Um in solch schwierigen Situationen nicht blind dem Recht zu folgen, muss dann, nach Abwägung aller zur Verfügung stehenden Mittel, ein eigenverantwortlicher Gewissensentscheid getroffen werden. Dabei muss derjenige, der das Recht verletzt, aber in Kauf nehmen, dass die Rechtsgemeinschaft ihn für die Rechtsverletzung bestraft. Keine Rechtsordnung kann die ganze Vielfalt menschlicher Lebenssituationen erfassen und adäquat regeln. Statistik ist das mathematische Werkzeug, das dem Arzt, dem Rechtswissenschaftler und dem

---

[9] Klaus Bartels: «Relata refero» (Ich berichte (nur) das Berichtete) Zit. in: Veni-Vidi-Vici: Geflügelte Worte aus dem Griechischen und Lateinischen (S155). Wissenschaftliche Buchgesellschaft Darmstadt (1992) ISBN 3-543-11920-7

[10] Hans Goldmann: Vom Geist der Medizin. Rektoratsrede 1964. Berner Rektoratsreden. Verlag Paul Haupt Bern (1965, S5).

Politiker für ihre Zwecke zur Verfügung steht. Doch wie kann der «Einzelfall» moralisch und rechtlich gut geregelt werden?

DAS BELADENE SCHIFF «EHERECHT»[11]

In der vorliegenden Arbeit soll von einem konkreten Einzelproblem im Spannungsfeld zwischen ziviler (staatlicher) Eheschliessung und kirchlicher Trauung die Rede sein. Wie einleitend gesagt, handelt die Arbeit nicht von Kirchen- und Rechtsgeschichte. Für das materiale Verständnis des Kerns der Problematik scheint mir jedoch ein einleitender Abriss der geschichtlichen Genese des kirchlichen und staatlichen Eherechts notwendig, auch wenn dieser nicht zur engeren Thematik gehört und etwas überproportional ausfallen muss. Auf diesem Fundament ruhen die tragenden Säulen. Zunächst wird daher der Blick in die Vergangenheit gelenkt, dorthin, wo das kanonische Recht und das staatliche Recht ihre Wurzeln haben und wo in der Auseinandersetzung der Kirche mit dem Staat um die *Ehehoheit* gerungen wurde und wo schliesslich auch das *Voraustrauungsverbot* (in der Schweiz Art. 97 Abs. 3 ZGB) seinen Anfang nahm. «Wir sitzen im gleichen Boot, du und ich und wir alle; . . . » (KGB, Lied 205).

ZUR GESCHICHTE DES EHERECHTS

Imperium Romanum: Römisches Recht

- Konsenslehre: Der Konsens zwischen Mann und Frau ist ehebegründend.
- «consensus facit nuptias»
- Im Römischen Recht wird darunter der «Permanente Konsens» (fortdauernder Wille) verstanden.
- Im Kirchenrecht handelt es sich um den «Initialkonsens» (Can. 1057 § 1).

Jesus Christus: Scheidungsverbot

- Die Ehescheidungsfrage (Mt 19,3-9; Mk 10,2-12)
- «Unzuchtsklausel» (Mt 19,9)
- Ehe und Jungfräulichkeit (Röm 7,2-3; 1 Kor 7,2; 1 Kor 7,39)

Cyprian, Bischof von Kartago (200-258)

- Schrift: «De ecclesiae unitate» (um 251)

---

[11] Die Überschrift dieses Kapitels stammt von Dozent Urs Brosi Vorlesung über «Kirchenrecht» im Studiengang Theologie. Zürich, Sommersemester 2005.

- «Extra ecclesiam nulla salus»
- «Der kann Gott nicht zum Vater haben, der die Kirche nicht zur Mutter hat.»
- «Der Primat ist dem Petrus verliehen. Wie kann jemand, der sich vom Stuhl Petri, auf den die Kirche gegründet ist, trennt, glauben, er sei noch in der Kirche?»

Ehegüterlehre von Augustinus (354-430)

- Die Ehe hat drei Güter «boni» (Gut, lat. *bonum*), welche sie legitimieren, daher ist sie erlaubt:
  - «bonum prolis»: (Sprösslinge, Brut, Nachkommen, Jungmannschaft). Guter Ort, an dem Kinder aufwachsen könn.
  - «bonum fidei»: Das Gut der Treue (monogam).
  - «bonum sacramenti»: «*mysterion*» (Standesunterweisung von Paulus im Eph 5,21-33). Sakrament = Geheimnis (Eph 5,32): Zeichen für das Bündnis Gottes mit den Menschen.
- Die *Ehegüterlehre* (Gut, lat. *bonum*) wird später zur *Ehezwecklehre* (Zweck, lat. *finis*).
- Aufhebung der *Ehezwecklehre* durch das Vaticanum II (1962-1965).

Ehezwecklehre

- Die Ehezwecklehre stammt nicht von Augustinus, ist aber eine Folge seiner Lehre.
- Can. 1013 § 1 CIC 1917: «Matrimonii *finis* primarius est procreatio atque educatio prolis; secundarius mutuum, adiutorium et remedium concupiscentiae. § 2. Essentiales matrimonii proprietates sunt unitas ac indissolubilitas, quae in matrimonio christiano peculiarem obtinent firmitatem ratione sacramenti.»
- Die Ehe ist dazu da, Kinder zu erzeugen und zu erziehen (*Katechismus* 1993: Nr. 1652, S. 443).
- Vgl. dazu: Vaticanum II: Die pastorale Konstitution über die Kirche in der Welt von heute «Gaudium et spes» GS 50 (*Rahner, Vorgrimmler*)[12].

Konsenslehre von Papst Nikolaus I. (858-867)

- Bulgarenbrief (866)
- Der Konsens schafft die Ehe und nicht der priesterliche Brautsegen

---

[12] Gaudium et spes: Pastoralkonstitution über die Kirche in der Welt von heute. Siehe: Karl Rahner, ; Herbert Vorgrimmler: Kleines Konzilskompendium. Sämtliche Texte des Zweiten Vatikanums (S502). Verlag Herder Freiburg im Breisgau (1966). ISBN 3-451-01770-9.

(Ostkirche).

- «consensus facit nuptias» wie im Römischen Recht (Can. 1057 § 1)
- Wissenschaftlicher Streit um zwei Positionen:
  - *Konsenslehre* des Römischen Rechts (Schule von Paris)
  - *Copulalehre* des Germanischen Rechts (Schule von Bologna)

Frühscholastik (1070-1200)

- Der *Vater* als «mundoaldus» (Germanisches Recht), als «Schutzbeaufsichtigender» und «Übergeber» der Braut, wird ab dem 11. Jahrhundert durch den *Priester* abgelöst.
- Damit bekommt der Priester eine liturgische Rolle.
- Wirkursache der Ehe ist der geschlechtliche Vollzug (*copula*, *consummatio*), nicht der Konsens.
- Die Kirche erlangt allmählich die *Ehehoheit.*
- Als «Hüterin» der Sakramente erhob sie den Anspruch, auch die Aufsicht über die Ehe zu haben.

Kirchliche Ehehoheit (1100)

- Im christlichen Abendland lag das Eheschliessungsrecht und die Gerichtsbarkeit der Ehe lange Zeit in der Hand der Kirche. Schon *Petrus Damiani* († 1072) hatte die Ehe zu den (damals zwölf) Sakramenten gezählt.
- Im ganzen Mittelalter waren die *klandestinen* (geheimen) Ehen ein soziales Problem.
- Alle irgendwie geschlossenen Ehen waren gültig.
- Es bestand keine Kontrolle, weder durch weltliche noch durch kirchliche Autorität.
- Die Kirche wehrte sich gegen die sozialen Missstände und wollte Eheverantwortung übernehmen.
- Die Kirche führte *Eheregister* ein und legte fest, welches die Ehehindernisse sind, die eine Ehe verunmöglichen.
- Autorität kirchlicher Amtsträger kommt dazu.
- Die Kirche verlangt, dass die Ehen am *Kirchenportal* (*«in facie ecclesiae»*) geschlossen werden.
- Ehe ausserhalb der Kirche *verboten*, aber *gültig*. Gültig, weil der Konsens die Ehe begründet. (vgl. Konzil von Trient).

Gratian: Kamaldulensermönch, Magister in Bologna, Vater der Kanonistik († 1158)

- Schuf um 1140 eine Quellensammlung des zu seiner Zeit geltenden kanonischen Rechts, die er mit eigenen Zwischentexten zu einem Lehrbuch ordnete. (*Gratian*: dtv-Lexikon, Bd. 7, S. 144).
- Seine «Concordantia discordantium canonum», später einfach «Decretum Gratiani» genannt, wurde der Grundstock des *Corpus Juris Canonici,* das bis 1918 das massgebliche Rechtsbuch der Kirche geblieben ist.
- Dem «Decretum Gratiani» wurden im Laufe des Mittelalters mehrere Sammlungen hinzugefügt:
  - «Liber extra decretum» von *Papst Gregor IX.* (1234).
  - «Liber sextus decretalium» von *Papst Bonifaz VIII.* (1298).
  - «Constitutiones Clementinae» (1317).
  - «Extravagantes»: Erlasse der Päpste aus späterer Zeit.
- Das «*Decretum Gratiani*» (1140) wurde zur massgeblichen Grundlage einer selbständigen, nach juristischer Methode arbeitenden Kirchenrechtswissenschaft.
- Die durch *Gratian* initiierte Kirchenrechtswissenschaft entwickelte immer genauere Regeln, nach denen die *Gültigkeit* einer Ehe beurteilt werden konnte. Kirchliche Gerichte führten Ehenichtigkeitsprozesse durch.

Kompromissformel von Papst Alexander III. (1159-1181)

- *Konsens* schafft Gültigkeit
- *Copula* schafft Unauflöslichkeit
- Eine gültige Ehe zwischen Getauften wird als lediglich gültige Ehe bezeichnet, wenn sie nicht vollzogen worden ist; als gültige und vollzogene Ehe, wenn die Ehegatten auf menschliche Weise miteinander einen ehelichen Akt vollzogen haben, der aus sich heraus zur Zeugung von Nachkommenschaft geeignet ist, auf den die Ehe ihrer Natur nach hingeordnet ist und durch den die Ehegatten ein Fleisch werden. (Can. 1061 § 1)
- Die Formel von Papst Alexander III. gilt bis heute.

Ab dem 12. Jahrhundert gilt die Ehe als 7. Sakrament

- In der Mitte des 12. Jahrhunderts war der klassische Sakramentenbegriff festgelegt. Der für die Festlegung der Siebenzahl der Sakramente massgebliche *Petrus Lombardus* († 1160) nannte die Ehe «Ein heiliges Zeichen einer heiligen Sache» (*Sanders*).
- Das Scholastische Denken führte zu einem *ontologischen* Eheverständnis: Das *Eheband* ist etwas «Seiendes», unabhängig vom Bewusstsein und von der Beziehung zwischen den Partnern Existierendes.

- Die Ontologisierung der Ehe führte dazu, dass die moralische Vorgabe Jesu (Mk 10,2-12; Mt 19,3-9; 1 Kor 7) zu
- einem *Gesetz* der Unauflöslichkeit der Ehe wurde.
- Standesunterweisung von Paulus im Eph 5,21-33: Sakrament = Geheimnis (Eph 5,32), Zeichen für das Bündnis Gottes mit den Menschen.
- Can. 1085 §§ 1+2: Ius divinum positivum (Offenbarungsrecht). *Eheband* = «Ontologisierung» der Ehe. Das Ehehindernis ist göttlichen Rechts (Schöpfungsordnung).

Konzil von Trient (1545-1563)

- *Martin Luther* wies die Ehe in seinem Kommentar zu Matthäus 5-7 (1532) als «ein weltlich eusserlich ding» der «öberigkeit» und der säkularen Rechtsordnung zu, «das mans den Juristen sol befehlen».
- Die *Reformatoren* waren der Ansicht, dass die Eheschliessung ein von der bürgerlichen Rechtsordnung beherrschter Vorgang (*negotium civile*) sei. Eine kirchliche «Einsegnung» der Brautleute gehörte zwar auch weiterhin zur protestantischen Praxis, galt aber als rechtlich nicht notwendig. Im 17. Jahrhundert erfuhr die kirchliche Trauung eine deutliche Aufwertung bis hin zum *Trauzwang*, so dass nicht kirchlich getrautes eheliches Zusammenleben unter *Strafe* gestellt wurde. In der protestantischen Jurisprudenz kam sogar wieder die Meinung auf, dass die kirchliche «Einsegnung» zum Wesen der Kirche gehöre.
- Gegen die protestantische Auffassung wurde die *Sakramentalität* der Ehe ausdrücklich in der 24. Sitzung des Konzils von Trient 1563 mit der Lehre vom Ehesakrament definiert und verabschiedet. Die Einführung der kanonischen Eheschliessungsform auf dem Konzil von Trient war eine Reaktion auf die Lehren und Forderungen der Reformation
- Das Problem der Verhältnisbestimmung der beiden Dimensionen der Ehe (Vertrag und Sakrament) stand seit Beginn des 16. Jahrhunderts im Mittelpunkt der theologischen Reflexion. Der grosse jesuitische Kirchenlehrer und Kardinal *Robert Bellarmin, S.J.* (1542-1621) war es, der nebst seiner «Lehre von den drei Bändern» (*vincula*), welche vom Vaticanum II aufgegriffen wurde, um spezifisch die Zugehörigkeit zur katholischen Kirche (*communio plena*) zu regeln, erstmals auch eine ausschlaggebende Formulierung erarbeitet hatte, die die Ehetheologie der folgenden Jahrhunderte prägen sollte: «Die Ehe sei von Christus zum Sakrament erhoben worden».
- Als sich die Theologen des 16. Jahrhunderts mit dem Verhältnis von Vertrag (*consensus*) und Sakramentalität der Ehe auseinanderzusetzen begannen, war für sie klar, dass zwischen diesen beiden Grössen eine *Einheit* (Identität) besteht. Wer einen Ehevertrag einging, empfing auch

das Sakrament, wie dies später *Papst Leo XIII.* (1878-1903) in seiner Lehre von der *Realidentität* («Arcanum divinae sapientiae») darlegte (1880). Vgl. Can. 1055 § 2.

- Die Eheschliessung nach der kanonischen Form ist zur *Gültigkeit* der Eheschliessung erforderlich. Es besteht eine *Formpflicht* (Can. 1057 - § 1). Eine Eheschliessung ausserhalb der Kirche war *verboten* und *ungültig*. Nur jene Ehen sind gültig, die unter Assistenz des Ortsordinarius oder des Ortspfarrers und in Anwesenheit von zwei Zeugen geschlossen werden (Can. 1108 - § 1).
- Die Eheschliessungsform muss eingehalten werden, wenn wenigstens einer der Eheschliessenden in der katholischen Kirche getauft oder in sie aufgenommen wurde und nicht durch einen formalen Akt von ihr abgefallen ist (Can. 1117).

17. / 18. Jahrhundert

- Der scholastische Grundsatz der tiefgreifenden Einheit zwischen Ehevetrag und Ehesakrament wurde erst von den *Gallikanern* durchbrochen. Sie wollten die Trennbarkeit von Ehevertrag und Ehesakrament bei allen Ehen von Christen zur Geltung bringen. Ihre Lehre gehört zum Anfang der sich vollziehenden grundlegenden Veränderung des Eherechts.
- «Der *Gallikanismus* nahm für die «Ecclesia gallicana» Rechte in Anspruch, die den päpstlichen Primat empfindlich beschnitten. Unter der absolutistischen Regierung von *König Ludwig XIV.* erreichten die romfeindlichen, nationalistischen Tendenzen ihren Höhepunkt (*Franzen*)[13]. Hauptstreitpunkt war die Oberhoheit des Königs von Frankreich über die katholische Kirche Frankreichs, aber auch bereits die Ehehoheit. Der *Staatsabsolutismus* griff rücksichtslos in die kirchlichen Angelegenheiten ein.
- Die Verfechter der Ansprüche des Staates betonen, der Inhalt des Ehesakraments sei nicht der natürliche Vertrag zwischen Mann und Frau, sondern der bürgerliche Vertrag.
- Die gallikanische Auffassung, Vertrag und Sakrament seien voneinander zu trennen, wurde von all jenen begrüsst, die die Rechte der Kirche zugunsten der staatlichen Gewalt zu verkürzen wünschten. Die nicht-sakramentale Eheschliessung obliege der Hoheit des Staates. Die Rechte der Kirchen beschränke sich auf jene Ehen, die sakramentalen Charakter haben.

---

[13] August Franzen: Kleine Kirchengeschichte (S326). Verlag Herder, Freiburg im Breisgau (2002) ISBN 3-451-26896-5.

- Im Kampf gegen die katholische Eheschliessung wurde zuerst in Holland und in Westfriesland am 1. April 1580 die staatliche Zivilehe eingeführt.
- Am 24. August 1653 wurde in England unter der Herrschaft des Calvinisten *Cromwell* (1599-1658) mit der Verordnung des *Commonwealth* die obligatorische Zivilehe eingeführt. Schon im Dezember desselben Jahres war die *Zwangszivilehe* auch in *Irland* Gesetz.
- Mit der weltanschaulich-politischen Umwälzung des Jahres 1789 mit der *Französischen Revolution* wurde in Frankreich die Zivilehe durchgreifend verwirklicht und der Kirche die Ehehoheit entzogen. Die Französische Revolution tat den radikalsten Schritt zur gänzlichen Säkularisierung der Ehe. In der neuen Situation der Trennung von Kirche und Staat wurde am 20. September 1792 die *Pflichtzivilehe* durch das Gesetz eingeführt.
- Das *Konkordat* zwischen Frankreich und dem Heiligen Stuhl vom 15. Juli 1801 brachte keine Neugestaltung des Eherechts mit sich.

19. Jahrhundert

- Die neu entstandenen Nationalstaaten (D, CH) beanspruchen die Ehehoheit und führen die obligatorische zivile Eheschliessung ein.
- Der *Staat* nimmt den Ehevertrag entgegen und verordnet die zivilrechtliche Ehewirkung.
- Der *Kirche* sei es anheimgestellt, nachträglich das Ehesakrament zu spenden.
- Die *Päpste* sind gegen eine Aufteilung der Zuständigkeit und beanspruchen weiterhin die Alleinzuständigkeit für die Ehen von Christen.

Realidentitätslehre von Papst Leo XIII. (1878-1903)

- Papst Leo XIII. verfasste ein Rundschreiben über die Christliche Ehe: «Arcanum divinae sapientiae» (1880). Er entfaltet darin die Lehre von der Realidentität von Ehevertrag und Ehesakrament.
- «Christus selbst hat die Ehe zum Sakrament erhoben» *Kardinal Robert Bellarmin S.J.* (1542-1621).
- «Deshalb kann es zwischen Getauften keinen gültigen Ehevertrag geben, ohne dass er zugleich (*eo ipso*) Sakrament ist» (Can. 1055 - § 2). Die Aussage «zugleich (eo ipso)» entspricht der «*Realidentität*» und bewirkt einen «*Sakramentenautomatismus*».
- Die Glaubenslehre und das Kirchenrecht hielten durch die Geschichte hindurch an der Realidentität (Untrennbarkeit) von Ehevertrag und Sakrament fest.

Vaticanum II (1962-65)

- Die pastorale Konstitution über die Kirche in der Welt von heute

«*Gaudium et spes*» (GS 47-52) legte ein neues *Eheverständnis* dar: Förderung der Würde der Ehe und der Familie.

- «Gaudium et spes» gehört zu den schönsten Kapiteln des Vaticanum II.
- Aufhebung der Ehezwecklehre, das «Ius in corpus» fällt weg.
- *Güter* (wie Augustinus) und *Ziele* der Ehe, treten an die Stelle von «Zwecken» (finis).
- Dabei auch *Partnerschaft*, nicht nur *Nachkommenschaft*.
- Partnerschaft ist ein wesentliches Gut der Ehe.
- Die theologische Kategorie «Bund» (personaler, unauflöslicher Bund) wird auf die Ehe angewendet (Can. 1055 - § 1). Damit wird ein reines Vertragsdenken überwunden.
- Der personale Bund, die gegenseitige Liebe und das Wohl der Ehegatten, die Lebensgemeinschaft. (GS 50)

Die Schweiz (Confoederatio Helvetica)

- Die *Glaubens- und Gewissensfreiheit*: ist gewährleistet und in der Bundesverfassung verankert (Art. 15 BV):
- Für die Regelung des Verhältnisses zwischen *Kirche und Staat* sind die Kantone zuständig (Art. 72 BV).
- Die *Staatliche Ehehoheit* ist im Zivilstandsgesetz von 1874/75 festgehalten.
- Das *Voraustrauungsverbot* des Schweizerischen Zivilgesetzbuches vom 10. Dezember 1907 Art. 97 Abs. 3 ZGB gilt weiterhin: «Eine religiöse Eheschliessung darf vor der Ziviltrauung nicht durchgeführt werden».
- Die Revision des Eherechts im National- und Ständerat (1996-1998) brachte keine wesentliche Änderung.
- Beim Voraustrauungsverbot, so wie wir es heute vorfinden, handelt es sich jedoch um eine «*lex imperfecta*», da eine vor der zivilen (standesamtlichen) Eheschliessung stattfindende kirchliche Trauung nach wie vor eine Gese--tzeswidrigkeit darstellt, indessen ein Verstoss gegen Art. 97 Abs. 3 ZGB heute nicht mehr sanktioniert wird.
- Das staatliche und kanonische Eherecht kann nur vor dem Hintergrund seiner langen, kontroversen geschichtlichen Entwicklung verstanden werden. Die Kenntnis des komplexen Eherechts mit seinem Voraustrauungsverbot lehrt Relativieren und bewahrt uvor rückwärts gewandten Träumen wie vorwärts gerichteten Utopien. Die rückwärts laufende Uhr gibt es nur im Dom von Florenz (Cattedrale di Santa Maria del Fiore. Es ist das Kunstwerk von *Paolo Uccello* (1397-1475).
- Das Geschichtsverständnis von *Johann Heinrich Pestalozzi* (1746-1827) war geprägt von seiner Lehre vom «Anknüpfen der Zukunft an die

Vergangenheit durch weise Anwendung der Gegenwart».

- Wer bestimmt über das Verhältnis Kirche-Staat?
- «*Veritatem sequimur, errores et praejudicia profligamus.*»
- Die Justitia auf dem Gerechtigkeitsbrunnen in Bern, mit der Waage in der linken Hand, trägt um der Tugend der Gerechtigkeit willen zur Urteilsfindung eine Augenbinde. Sie will zur Urteilsfindung die Realität nicht mit den Augen sehen.
- Als «Auge der Gerechtigkeit» (Iustitiae oculus) bezeichnet man einen wahrhaften und unbestechlichen Richter oder auch das Gericht selbst (*Erasmus von Rotterdam*). *Justitia* dagegen, im alten Rom die Personifikation der Gerechtigkeit, mit der griechischen *Dike* gleichgestellt, muss um der überparteilichen Rechtssprechung willen seit der Renaissance eine *Augenbinde* tragen. Der Richter darf nicht *Augenschein* nehmen vom Angeklagten, er darf nur die Fakten sehen. «Und trotzdem braucht das *Gesetz* für die Wahrheitsfindung *Augenzeugen*. Vor dem Gericht gilt der *Augenzeuge* alles, der *Ohrzeuge* nichts. Augenzeugen geniessen eine höhere Wertschätzung als Ohrzeugen, die wohl eher ein Gerücht als die Wahrheit vertreten mögen» (*Moser*)[14].

DIE REIN KIRCHLICHE TRAUUNG

MATRIMONIUM MERE ECCLESIASTICUM

Das staatliche Eherecht in der Schweiz und in der Bundesrepublik Deutschland ist geprägt vom unilateralen Kompetenzanspruch des modernen Staates über die Ehe. Seit der Reformation hat sich der Staat gegen die Ehehoheit der Kirche aufgelehnt und ein säkularisiertes Ehe- und Eherechtsverständnis durchgesetzt. Auch wenn die Entwicklung des Staatskirchenrechts eine Entschärfung des Voraustrauungsverbots brachte, ist in der Schweiz eine rein kirchliche Trauung bis heute nicht erlaubt. Mit einer Strafe hat jedoch weder der Pfarrer noch das Brautpaar zu rechnen, da die Ordnungswidrigkeit nicht mehr Sanktionscharakter aufweist.

Der Wunsch nach einer rein kirchlichen Trauung stellt sich im Rahmen dann, wenn Getaufte, deren sakramentales Eheband durch den *Tod* eines Partners aufgelöst wurde (Can. 1141), einen neuen personalen Bund (Can. 1055 § 1) schliessen möchten und dabei ein existentieller Härtefall im Vordergrund steht,

---

[14] Roland W. Moser: LUX ET LUMEN – Augenlicht und Herzenslicht (S51). Geleitwort: Dr. h.c. Gerhard M. Schuwey, Bern, a. Direktor des Bundesamtes für Bildung und Wissenschaft. Christiana-Verlag Stein am Rhein (2009). ISBN 978-3-7171-1185-6.

eine konkrete und sachlich überprüfbare Lebenssituation also, die den Nupturienten eine zivile Heirat unmöglich erscheinen lässt.

Im Blickpunkt stehen solche Brautpaare, für welche die gesetzlichen Regelung (Art. 97 Abs. 3 ZGB) existentielle Nachteile zur Folge haben könnten und somit eine Heirat auf dem Zivilstandsamt unzumutbar erscheinen lassen. Solche Brautpaare entscheiden sich für das *Konkubinat* - einer «Ehe ohne Trauschein» - und müssen damit wohl auf eine *kirchliche Trauung* verzichten, wenn sich nicht ein Priester findet, der dieses strafbare Wagnis eingeht. Im Vordergrund der kanonistischen Überlegungen steht nicht in erster Linie die materielle Not, sondern die *pastorale Sorge* um Brautpaare, welche die staatliche Eheschliessung meiden (müssen) und dabei ernstzunehmenden Gewissensnöten ausgesetzt sind. Es fehlt diesen Brautpaaren nicht am *inneren Willen*, getreu nach staatlichem Recht zunächst auf dem Zivilstandsamt zu heiraten und danach um die für sie wesentliche katholische kirchliche Trauung zu bitten, sondern es sind konkrete äussere Gegebenheiten, die es ihnen verunmöglichen, diesen Schritt auch wirklich tun zu können. Ein solcher Sachverhalt liegt beispielsweise dann vor, wenn Unterhalts- und Fürsorgeleistungen vom Staat, von gesetzlichen oder privaten Renten- und Unfallversicherungen bei einer Trauung vor dem Zivilstandsbeamten erlöschen und sich noch Kinder in der Ausbildung befinden.

Für die Berufliche Alters-, Hinterlassenen- und Invalidenvorsorge (BVG) bestimmt Art. 22 Abs. 2 BVG (831.40): «Der Anspruch auf Leistungen für Witwen und Witwer erlischt mit der Wiederverheiratung oder mit dem Tod der Witwe oder des Witwers». Und für die Alters- und Hinterlassenenversicherung (AHV) ist in Art. 23 AHVG (831.10) der Anspruch auf die Witwen- oder Witwerrente ebenfalls befristet: Abs. 4 a: «Der Anspruch erlischt mit der Wiederverheiratung», Abs. 5: «Der Anspruch lebt auf, wenn die neue Ehe geschieden oder ungültig erklärt wird».

Immer mehr AHV- und IV-Rentner benötigen Ersatzleistungen, auch ohne Wiederverheiratung. Das Problem stellt sich auch für Studenten und Studentinnen, die in einer eheähnlichen Situation mit ihrem Partner zusammenleben. Entschliessen sie sich zur Heirat, so kann dies eine dramatische Veränderung ihrer finanziellen Situation herbeiführen, da ihnen existentielle Stipendien gekürzt oder vollständig gestrichen werden können.

Warum soll dann für eine Lebensgemeinschaft, in Anbetracht einer materiellen Schlechterstellung im Falle der Heirat, nicht einfach das heute übliche *Konkubinat* gewählt werden, das der Staat nicht bloss gestattet, sondern bisher auch noch steuerlich bevorteilt? (Berner Tageszeitung «*Der Bund*» vom 16. Juni 2005, Seiten 1 und 7). Das Konkubinat (lat.) war bereits in der römischen Kaiserzeit eine gesetzlich erlaubte, aussereheliche Verbindung zweier Personen verschiedenen Geschlechts, die eine bürgerliche Ehe nicht eingehen durften.

Warum also den «Kreuzweg» wählen? Die Antwort aus der Praxis lautet: Weil es auch in unserer Zeit getaufte, verwitwete Männer und Frauen gibt, die vor dem eigenen Gewissen nicht in einer konkubinären Beziehung leben wollen, da eine solche Lebensgemeinschaft dem sittlichen Grundsatz widerspricht, wonach die Ehe der legitime Ort der Geschlechtergemeinschaft ist. Und deshalb bitten solche

Lebenspartner, von der Gesellschaft nicht selten als hinterwäldlerische und konservative Katholiken abgestempelt, ihren Bischof oder Pfarrer um die *kirchliche Trauung.* Welcher Pfarrer geht dieses Risiko ein und kommt dem Wunsch solcher Lebenspartner entgegen. Die Suche ist für betroffene Lebenspartner nicht einfach. Es sind Suchende, unter-wegs zu einer neuen *Lebensquelle.* Der Mensch ist ein «homo viator». Mit einem Wort von Leonardo da Vinci (1452-1518): «Wer zur Quelle gehen kann. gehe nicht zum Wassertopf».

Weshalb gehen solche Lebenspartner zum Priester und suchen diese Lebensquelle:

- † weil sie den *Willen* haben, dauernd und ausschliesslich als Mann und Frau in Lebensgemeinschaft zu leben. Eine zeitgemässe Unzeitgemässheit?
- † weil für sie der personale *Bund*, die gegenseitige Liebe und das Wohl der Ehegatten, die Lebensgemeinschaft ohne das Augustinische «bonum prolis», Vorrang hat und haben muss (*Gaudium et spes* GS 50).
- † weil sie an die *Realidentität* von Ehevertrag und Ehesakrament glauben, nach der es zwischen Getauften keinen gültigen Ehevertrag geben, ohne dass er zugleich (*eo ipso*) Sakrament ist (Can. 1055 - § 2).
- † weil sie das Sakrament der Ehe empfangen möchten und bereit sind vorher in Demut zu den *Sakramenten der Busse und des Altars* hinzutreten (Can. 1065 - § 2).
- † weil sie glauben, dass die *Eucharistie* Quelle und Höhepunkt des ganzen christlichen Lebens ist und sie durch die Stürme der Zeit trägt.
- † weil sie von den Sakramenten der *Busse* und der *Eucharistie* nicht ausgeschlossen sein möchten (cc. 987, 916). Es sind wesentliche Zeichen und Mittel der Gnade Gottes. Die Sakramente haben auch eine «medizinische» (heilende) Dimension.
- † weil für sie die zur Gültigkeit der Ehe erforderliche kanonische *Form* der Eheschliessung, wie sie auf dem Konzil von Trient (1545-63) festgelegt wurde, Form-Wunsch und nicht Form-Pflicht ist. Es ist ihr Wunsch, Ihren Konsens öffentlich, unter Assistenz des Ortsordinarius oder des Ortspfarrers und in Anwesenheit von zwei Zeugen ablegen zu dürfen (cc. 1108, 1117, 1124, 1086 - § 1).
- † weil es für ihre Seele, deren Zuhause die Kirche ist, not-wendig ist.
- † weil der christliche Glaube ihnen in der Ungewissheit ihrer Lebenssituation die Gewissheit schenkt, dass das Ehesakrament ein «Göttliches Medikament» ist.
- † Das, worum die genannten Nupturienten bitten, ist «Göttliches Recht» (*Ius divinum naturale*) und Menschenrecht, nichts «Revolutionäres» oder «Staatsfeindliches». Ihr Anliegen ist als ein natürliches, in den kirchlich-sakramentalen Bereich erhobenes *Grundrecht* zu werten (cc. 1057, 1058, 219, 213, 843 - § 1).

- ✝ Unter der Formpflicht (Can. 1108 - § 1) ist bestimmt, dass Ehen ohne Einhaltung dieser Pflicht nicht gültig (*valida*) sind.
- ✝ Seit *Thomas von Aquin* (1225-1274) kennt die katholische Kirche keine Dichotomie zwischen Schöpfungs- und Heilsordnung. Auch die rein kirchliche Trauung ohne zivilrechtliche Wirkung ist im Spannungsfeld mit dem Voraustrauungsverbot ein «kasuistisches Problem» für das es kirchenrechtliche bzw. pastorale Lösungen geben sollte, deren Vor- und Nachteile sorgsam abgewogen (Güterabwägung) werden müssen.
- ✝ «Willst du gesund werden?» (Joh 5,6). Sakramente sind Zeichen und Mittel der Gnade. Das Ehesakrament ist ein «Göttliches Medikament».

Das kanonische Eherecht gesteht grundsätzlich jedem Katholiken (*christifidelis*) das Recht auf Empfang des Ehesakramentes zu (Can. 1058). Durch das staatliche Recht ist jedoch die Kirche und deren Amtsträger an das Voraustrauungsverbot gehalten. Sollte nun die Kirche einfach in Kauf nehmen, dass ihre Geistlichen in diesen Fällen eine Ordnungswidrigkeit begehen und das Voraustrauungsverbot nicht beachten? (*Sanders*). Mit einer Bestrafung wäre bei Übertretung von Art. 97 Abs. 3 ZGB jedenfalls nicht zu rechnen. Ein Konflikt von staatlicher und kirchlicher Rechtsordnung soll möglichst vermieden werden.

Einer Ehe, die nach dem *staatlichen Recht* nicht anerkannt oder geschlossen werden kann, darf nur mit Erlaubnis des Ortsordinarius assistiert werden (Can. 1071 - § 1, 2°). Diese Bestimmung ist im CIC neu, entspricht aber einer verbreiteten partikularen Praxis. Eine kirchlich geschlossene Ehe, die staatlich nicht anerkannt ist, bietet Anlass zum Missverständnis, es handle sich nur um eine konkubinäre Lebensgemeinschaft. Die rein kirchliche Trauung steht in einem Spannungsfeld mit dem Voraustrauungsverbot.

DAS VORAUSTRAUUNGSVERBOT

(ART. 97 ABS. 3 ZGB)

Im *Voraustrauungsverbot* des Schweizerischen Zivilgesetzbuches (ZGB) vom 10. Dezember 1907 liegt der Kern der Problematik. Art. 97 Abs. 3 ZGB sagt: «Eine religiöse Eheschliessung darf vor der Ziviltrauung nicht durchgeführt werden.» Das ZGB erwähnt jedoch die rein kirchliche Trauung ohne zivilrechtliche Wirkung nicht. Man geht davon aus, dass diese im Voraustrauungsverbot impliziert und dadurch ausgeschlossen sei.

Das Voraustrauungsverbot verstösst gegen das katholische Verständnis der Realidentität von Ehevertrag und Ehesakrament. *Papst Leo XIII.* nannte 1880 in seinem Rundschreiben über die christliche Ehe «*Arcanum divinae sapientiae*» das Problem beim Namen und verteidigte die Lehre, dass Ehevertrag und Ehesakrament bei Christen und Christinnen notwendigerweise zusammengehörten.

Das Rundschreiben «Arcanum divinae sapientiae» von Papst Leo XIII. (1880) NR 749, DS 3145	
Neque quemquam moveat illa tantopere a Regalistis praedicata distinctio, vi cuius contractum nuptialem a sacramento disiungunt, eo sane consilio, ut, Ecclesiae reservatis sacramenti rationibus, contractum tradant in potestatem arbitriumque principum civitatis.	Auch soll keinen jene von den Regalisten so sehr verkündete Unterscheidung rühren, nach der sie den Ehevertrag vom Sakrament trennen, nämlich in der Absicht, der Kirche den Bereich des Sakramentes vorzubehalten und den Vertrag an die Vollmacht und das Gutdünken der Herrscher des Staates zu überliefern.
Etenim non potest huiusmodi distinctio, seu verius distractio, probari; cum exploratum sit, in matrimonio christiano contractum a sacramento non esse dissociabilem; atque ideo non posse contractum verum et legitimum consistere, quin sit eo ipso sacramentum. Nam Christus Dominus dignitate sacramenti auxit matrimonium; matrimonium autem est ipse contractus, si modo sit factus iure.	Eine solche Unterscheidung - oder besser Zerreissung - kann nämlich nicht gebilligt werden; denn es ist ausgemacht, daß in der christlichen Ehe der Vertrag nicht vom Sakrament getrennt werden kann; und deshalb kann kein wahrer und rechtmäßiger Vertrag bestehen, ohne eben dadurch Sakrament zu sein. Denn Christus, der Herr, erhöhte die Ehe durch die Würde des Sakramentes; die Ehe aber ist der Vertrag selbst, wenn er nur rechtmässig geschlossen wurde.

Dazu *Urs Brosi*, Bildungsverantwortlicher des Bistums Basel: «Niemand soll sich durch jene Unterscheidung täuschen lassen, die von den übereifrigen Verteidigern der weltlichen Gewalt so sehr betont wird. Sie trennen nämlich den Ehevertrag vom Sakrament mit der Absicht, der Kirche alles zu überlassen, was das Sakrament betrifft, den Vertrag dagegen der Verfügung der weltlichen Macht zu unterstellen. Denn eine solche Unterscheidung – besser würde man sagen, ein solches Zerreissen – lässt sich nicht begründen. Es ist ja offenkundig, dass sich in der christlichen Ehe der Vertrag vom Sakrament nicht scheiden lässt. Hier kann es keinen wahren, gesetzmässigen Vertrag geben, der nicht eben dadurch schon Sakrament wäre. Denn Christus der Herr hat die Ehe zur Würde des Sakramentes erhoben, die Ehe aber ist der rechtmässig abgeschlossene Vertrag selbst».

Die Genese des Voraustrauungsverbots hat eine lange Geschichte. Als sich die Theologen des 16. Jahrhunderts mit dem Verhältnis von Vertrag (*contractus*) und Sakramentalität der Ehe auseinandersetzten und deren Einheit postulierten, war ihnen wohl kaum bewusst, dass sie damit den Anstoss dazu geben sollten, ein

Spannungsfeld zu schaffen und entgegengesetzte polare Kräfte (Staat) zu mobilisieren, welche später eine grundsätzliche Trennung der beiden Dimensionen forderten und sie zwei Kompetenzbereichen zuordnen wollten. Der Ehevertrag ging in die Zuständigkeit des Staates (weltliche Obrigkeit), während das Sakrament nach wie vor der Kirche (geistliche Obrigkeit) überlassen wurde. Der Staat schuf ein für alle Bürger geltendes Eherecht, ungeachtet der Realidentität von Ehevertrag und Sakrament. (Can. 1055 § 2). Mit der Einführung der *Zivilehe* wollte der Staat die Aufsicht über die Ehe an sich ziehen und die Machtansprüche der Kirche (Ehehoheit) zurückdrängen. Ehe nach staatlichem Recht und Ehe nach kirchlichem (kanonischem) Recht sind zwei voneinander zu unterscheidende Rechtssysteme.

Das *Konkordat* (Staats-Kirchen-Vertrag mit völkerrechtlichem Rang) zwischen Frankreich und dem Heiligen Stuhl vom 15. Juni 1801 brachte keine Neugestaltung des Eherechts mit sich. «Man versuchte damit vornehmlich die durch die *Französische Revolution* unterbrochene Beziehung zwischen Frankreich und dem Heiligen Stuhl wieder aufleben zu lassen» (*Rasquin*). Während jedoch den Gesetzgebern der Revolution die zeitliche Fixierung der Zivilehe fremd war und diese die zeitliche Reihenfolge von staatlicher und ziviler Eheschliessung der Entscheidung der Brautleute überliessen, verschärfte der mit dem Konkordat verbundene Artikel 54 sogar die Revolutionsgesetzgebung, indem die Zivilehe bestätigt und die rein religiöse Eheschliessung ausgeschlossen wurde. Der Gesetzgeber räumte der staatlichen Eheschliessung gegenüber der kirchlichen Feier den Vorrang ein: «Ils (scil.: les curés) ne donneront la bénédiction nuptiale qu'à ceux qui justifieront en bonne et due forme, avoir contracté mariage devant l'officier de l'état civil» («*Pacta sunt servanda.*» (vgl. Can. 3).[15]

Das im Konkordat durch die 77 «Organischen Artikel» erlassene Verbot, die kirchliche Trauung vor der zivilen Eheschliessung vorwegzunehmen, erfuhr durch die Bestimmungen des 1810 eingeführten «Code pénal» eine weitere Verschärfung. Die kirchliche Voraustrauung wurde mit Art. 199 und Art. 200 (Code pénal) unter Kriminalstrafe gestellt und mit Geld- und Freiheitsstrafe bedroht: «Die einmalige Gesetzesübertretung wurde mit einer Geldstrafe von 16 bis 100 Francs geahndet. Das zweite Vergehen konnte mit zwei bis fünf Jahren Gefängnisstrafe sanktioniert werden. Bei der dritten Übertretung des Voraustrauungsverbotes sah das Gesetz die Deportation vor, was allerdings mit dem Gesetz vom 28. April 1832, Art. 62 (Recueuil des lois et ordonnance) wieder beseitigt und in eine Haftstrafe umgewandelt wurde.

[15] Staat und Kirche in Frankreich, S. 91-107) (52). Staat und Kirche in Frankreich: Bd. 2, Vom Kultus der Vernunft zur Napoleonischen Staatskirche. Aus der Gesetzgebung des Konvents auf kirchenreligiösem Gebiet (Der Kultus der Vernunft, der Republikanische Kalender, der Kultus des höchsten Wesens, die Trennung von Kirche und Staat). Die Napoleonische Kirchenordnung von 1802 (Konkordat und Organische Artikel) Bern 1953 (Quellen zur Neueren Geschichte, hrsg. vom Historischen Seminar der Universität Bern; Heft 20/21) S. 91-107, 97.

Das System der obligatorischen Zivilehe fand durch den *Code Civil Napoleons* in den Ländern Europas unter napoleonischer Herrschaft Einzug und nahm von da an seinen Lauf hin zu den anderen Kontinenten. Der eigentliche Siegeszug der obligatorischen Zivilehe für das gesamte Deutsche Reich nahm seinen Anfang im *Kulturkampf* mit der preussischen Gesetzgebung vom 9. März 1874 (§ 24 Abs. 2 PStG 1874): «Die religiösen Feierlichkeiten einer Eheschliessung dürfen erst nach der Schliessung der Ehe vor dem Standesbeamten stattfinden». Im Zuge des Kulturkampfes und der antiklerikalen Stimmung jener Zeit wurde die Ausdehnung des Grundsatzes der *Zwangszivilehe* von Preussen auf das ganze Reichsgebiet, insbesondere auch auf Bayern, angestrebt. Das vom Reichstag beschlossene *Reichspersonenstandsgesetz* (Reichsgesetz über die Beurkundung des Personenstandes und die Eheschliessung § 52 RPStG 1875) trat am 1. Januar 1876 in Kraft.

Bis zum Jahre 1900 galt in *Deutschland* die Strafbestimmung des § 67 RPStG 1875 unverändert weiter: «Ein Geistlicher oder anderer Religionsdiener, welcher zu den religiösen Feierlichkeiten einer Eheschliessung schreitet, bevor ihm nachgewiesen worden ist, dass die Ehe vor dem Standesbeamten geschlossen worden sei, wird mit Geldstrafe bis zu dreihundert Mark oder mit Gefängnis bis zu drei Monaten bestraft».

In der *Schweiz* beanspruchte der Staat die Ehehoheit bereits im Zivilstandsgesetz von 1874/75. Im Zivilgesetzbuch (nach der Änderung vom 26. Juni 1998) wird dies in Art. 97 Abs. 1 ZGB normiert: «Die Ehe wird nach dem Vorbereitungsverfahren vor der Zivilstandsbeamtin oder dem Zivilstandsbeamten geschlossen». Mit der Bundesverfassung (BV) von 1874 hat der Bundesstaat die Regelung des institutionellen Verhältnisses von Staat und Kirche an die Hoheit der 26 Kantone übertragen. Die *Schweizerische Eidgenossenschaft* (Confoederatio Helvetica) anerkennt also keine Kirche, sie gibt keiner Kirche den Status als öffentlich-rechtliche Körperschaft. Die Kompetenzzuweisung an die Kantone entspricht der föderalistischen Staatsraison. In Art. 72 Abs. 1 der *Schweizerischen Bundesverfassung* (BV) von 1999 steht: «Für die Regelung des Verhältnisses zwischen Kirche und Staat sind die Kantone zuständig». Der Bundesstaat beschränkt sich im Wesentlichen auf die Gewährleistung der *Religionsfreiheit*, verstanden in der Ausprägung als Glaubens- und Gewissensfreiheit einerseits und als Kultusfreiheit andererseits. So heisst es in Art. ®✝15 Abs. 2 der Bundesverfassung: «*Jede Person hat das Recht, ihre Religion und ihre weltanschauliche Überzeugung frei zu wählen und alleine oder in Gemeinschaft mit anderen zu bekennen*». Die bis zum Inkrafttreten der Bundesverfassung von 1999 geltende Fassung von 1874 formulierte die Kultusfreiheit noch deutlicher (Art. 50 Abs. 1 BV 1874): «Die freie Ausübung gottesdienstlicher Handlungen ist innerhalb der Schranken der Sittlichkeit und der öffentlichen Ordnung gewährleistet».

Das *Grundrecht der Kultusfreiheit* erfährt jedoch im Bereich der kirchlichen Eheschliessung eine gesetzliche Einschränkung. Es gilt nicht nur das Prinzip der obligatorischen Zivilehe, sondern die Feier der kirchlichen Trauung wird ausdrücklich verboten, wenn die Brautleute nicht zuvor zivilrechtlich getraut worden sind. Die Eheschliessung ist im Zivilgesetzbuch (ZGB Art. 118 Abs. 1-3) vom 10. Dezember 1907 (50) geregelt:

- Abs. 1: Den Ehegatten wird sofort nach der Trauung vom Zivilstandsbeamten ein Eheschein ausgestellt.
- Abs. 2: Die kirchliche Trauungsfeierlichkeit darf ohne Vorweisung des Ehescheines nicht vorgenommen werden.
- Abs. 3: Im übrigen bleibt die kirchliche Ehe als solches von den Bestimmungen dieses Gesetzes unberührt.
- Am 26. Juni 1998 wurde das ZGB revidiert und die Bestimmung der Eheschliessung neu gefasst: In der Änderung dieses Gesetzes vom 26. Juni 1998 wurde die Bestimmung neu gefasst. Art. 97 Abs. 3 ZGB bestimmt: «Eine religiöse Eheschliessung darf vor der Ziviltrauung *nicht* durchgeführt werden».
- In der revidierten Version werden drei Änderungen deutlich:
- Der Ausdruck «kirchlich» wird durch den unbestimmten Begriff «religiös» ersetzt, womit auch Trauungsformen nichtchristlicher Religionsgemeinschaften mit erfasst werden.
- Das Gesetz lässt offen, in welcher Form sich der geistliche Leiter oder die geistliche Leiterin der Trauungsfeier über die vorausgegangene zivilrechtliche Trauung zu vergewissern hat.
- Abs. 3 des ehemaligen Art. 118 ist ersatzlos gestrichen worden. Dies kann damit erklärt werden, dass das in der Bundesverfassung verankerte Grundrecht auf Kultusfreiheit immer garantiert ist, wenn nicht ein anderes Gesetz eine Schranke setzt.
- Das im Zivilgesetzbuch statuierte Voraustrauungsverbot trifft die Person, welche die religiöse Feier vornimmt. Als Sanktion drohte ihr die Zivilstandsverordnung (ZStV) vor der Änderung vom 26. Juni 1998 folgende Busse an: «Wer entgegen der Bestimmung von Art. 118 Abs. 2 ZGB, eine kirchliche Trauungsfeierlichkeit vornimmt, wird mit einer Busse bis zu 500 Franken, im Wiederholungsfall bis zu 1000 Franken bestraft».
- Bei der Vorbereitung der Revision des ZGB wurde erwogen, das Voraustrauungsverbot abzuschaffen, um kirchliche und staatliche Angelegenheiten weiter zu entflechten und die Kultusfreiheit nicht einzuschränken. Beim Vernehmlassungsverfahren sprach sich im Nationalrat die überwiegende Mehrheit jedoch gegen eine Streichung der zeitlichen Priorität der zivilen Eheschliessung aus. Auch wenn die Entwicklung des staatlichen Eherechts eine Entschärfung des Voraustrauungsverbots mit sich brachte, da der Verstoss gegen Art. 97 Abs. 3 ZGB als Ordnungswidrigkeit den Charakter einer Sanktion verloren hat, so ist die festgelegte zeitliche Reihenfolge von staatlicher (ziviler) und kirchlicher Trauung dennoch zu

beachten, um einen Konflikt von staatlicher und kirchlicher Rechtsordnung zu vermeiden.

ZUR REVISION DES EHERECHTS IM NATIONAL- UND STÄNDERAT (1996-1998)

Die Argumente, die bei der Revision des Eherechts im National- und Ständerat vorgebracht wurden, geben einen gewissen Einblick in die Genese des Voraustrauungsverbots und machen deutlich, auf welchem geistigem Boden das System der Zwangszivilehe entstehen konnte. Bei der Revision des Eherechts stritten sich die eidgenössischen Parlamentarier darüber, ob das bisherige Voraustrauungsverbot aus dem Jahre 1907 beibehalten oder abgeschafft werden soll.

Von katholischer Seite wurde das Verbot einer kirchlichen Voraustrauung - und damit auch das einer rein kirchlichen Trauung – früher schon von *Lampert* (1938) und *Carlen* (1978) bekämpft. *Lampert* schrieb damals: «Einen Gewissenszwang übt der Staat aus, dass er mit seiner Kampfbestimmung über das Vorausgehen des Zivilaktes vor der kirchlichen Eheschliessung die katholischen Nupturienten nötigen will, ihren ehebegründenden Konsens vor dem Zivilstandsbeamten abzugeben, den die Katholiken nach ihrem Gewissen nur dem zuständigen Geistlichen erklären können.» Diese Ansicht wird von vielen Katholiken auch heute noch vertreten.

Während die Rechtskommission des *Ständerates* sich für die Beibehaltung des Voraustrauungsverbots aussprach, stimmte in der Differenzbereinigung der Rat der Aufhebung des Verbots der Durchführung einer religiösen Eheschliessung vor der Ziviltrauung zu. Der *Nationalrat* dagegen sprach sich in der Schlussabstimmung für die Beibehaltung des Voraustrauungsverbots aus.

Argumente bei der Revision des Eherechts[16]

Im Ständerat hatte vorerst Kommissionspräsident *Niklaus Küchler* (CVP) den Standpunkt der Kommissionsmehrheit verteidigt: «Eine ausschliesslich religiöse Eheschliessung kann die Eheleute zur irrigen Annahme verleiten, sie seien nun mit allgemeiner Rechtswirksamkeit miteinander verheiratet. Diese Gefahr besteht vor allem für die zahlreichen Ausländerinnen und Ausländer in der Schweiz, deren Heimatstaaten eventuell eine ausschliesslich kirchliche Eheschliessung kennen, die aber in diesen Ländern zivilrechtlich voll wirksam ist.»

---

[16] Vassalli, Mario: Kirchliche Trauung: Wie soll der Staat etwas regeln, das er nicht anerkennt? SKZ 45, 1997, S1-2. (Dr. iur Mario Vassalli, Kantonsgerichtspräsident, CH-6390 Engelberg OW/Schweiz).

Als ein Vertreter der Kommissionsminderheit wies *Carlo Schmid* (CVP) darauf hin, dass die fragliche Bestimmung ein Relikt des Kulturkampfes sei: «Es ging darum, dass sich der Staat gegenüber den Kirchen durchsetzte und den Pfarrherren und den Geistlichen, den Priestern, das Zivilrecht aus den Händen nahm. In diesem Zusammenhang hatte diese Regel ihren guten Sinn, denn sie hat Ordnung geschaffen». *Schmid* wies sodann darauf hin, dass dieser Zweck obsolet sei: «Es kommt keinem Geistlichen der Landeskirchen mehr in den Sinn, irgendwelche Zivilstandsregister führen zu wollen». Und er fragte weiter: «Warum soll das völlig unregistrierte Zusammenleben (im Konkubinat) vom Staat völlig akzeptiert sein, ein Zusammenleben hingegen, das noch eine – nach weltlicher Auffassung – nicht mehr als Schall und Rauch bedeutende Handlung eines Kirchendieners beinhaltet, pönalisiert werden?» Weiter fragte sich *Schmid*, ob die Beibehaltung der bisherigen Regelung dem Schutze der Frau, insbesondere der ausländischen, dienen könne. Er verneinte dies im Hinblick auf den Wissensstand der Ausländer. «Vielleicht gehört es zur schweizerischen Überheblichkeit, dass wir glauben, wir müssen für Ausländer solche Regeln machen».

Frau *Christine Brunner* (SP) unterstützte Carlo Schmid. Sie wies darauf hin, dass der Bundesrat mit dieser Bestimmung schon 1904 Mühe gehabt habe: «Si, au début du siècle, il était peut-être encore nécessaire pour l'Etat de montrer sa suprématie sur l'église, cela n'a plus aucun sens aujourd'hui, et surtout pas dans notre pays». Wie schon Schmid hielt es auch Frau Brunner nicht für notwendig, im Hinblick auf ausländische Frauen eine besondere, generelle (und auch für die Schweizerinnen gültige) Schutzbestimmung zu schaffen. Sie wies auch auf Rechtsungleichheiten im internationalen Recht hin, welche durch eine solche Schutzbestimmung begründet würden.

Justizminister, Bundesrat *Arnold Koller* (CVP) stellte zum Schluss der Debatte fest, dass nun aus dem Kulturkampfartikel ein Konsumentenschutzartikel gemacht werde. Die Ehe aus der Sicht einer religiösen Gemeinschaft und die Ehe als staatlich geregeltes Institut seien tatsächlich zwei total verschiedene Dinge: «*Sie gehören zwei verschiedenen Welten an, und deshalb besteht sicher nicht ein Zwang, dieses Verhältnis vom staatlichen Recht aus zu regeln*». Der Bundesrat selbst habe ursprünglich vorgeschlagen, die heute geltende Norm nicht mehr in das neue Eherecht aufzunehmen. «*Für mich ist es keine entscheidende Frage, ob sie diesen kulturkämpferischen Zopf herausnehmen, oder ihn in ein Anliegen des Konsumentenschutzes umwandeln wollen.*»

Der *Ständerat* beschloss hierauf, mit 21 (in der Kommission 2) zu 10 (9) Stimmen, das Voraustrauungsverbot (Art. 118 Abs. 2 ZGB) zu streichen.

Die emotionalen Auseinandersetzungen im Ständerat könnten uns an das Bild «Les Gens de Justice» aus dem Jahre 1846 von *Honoré Daumier* (1808-1879) erinnern. Welche Parteien vertreten diese beiden Daumier-Anwälte? Plädiert hier einer für die Katholiken und der andere für den Evangelischen Kirchenbund? Das Thema der Auseinandersetzung ist uns nicht überliefert.

Man würde meinen, diese Debatte im Ständerat hätte überzeugen sollen. Erstaunlicherweise zeigte sich aber der *Schweizerische Evangelische Kirchenbund* (SEK) in einer Mitteilung vom 18. Dezember 1996 «aufgeschreckt». *Schoch* kommentierte:

«Für die evangelisch-reformierten Kirchen sei die Ehe ein zivilrechtlicher Akt mit entsprechender staatlicher Rechtswirkung. Es stelle sich die Frage, welche Konfessionen, Religionsgemeinschaften und neue religiöse Bewegungen künftig Ehen schliessen dürften . . . .»[17]

Kennen demzufolge die evangelisch-reformierten Kirchen keine kirchliche Ehe? Hat der Kirchgang reformierter Brautleute und das dort ausgesprochene Jawort keine kirchlich-konstitutive Wirkung? Es bleibt Andersgläubigen nichts anderes übrig, als dies zu respektieren. Ein Katholik darf aber darauf hinweisen, dass sein Verständnis der kirchlichen Trauung ein anderes ist und er ebenfalls erwarten darf, dass dies respektiert wird.

Und die Frage, welche Religionsgemeinschaften künftig Ehen schliessen dürften, stellt sich m.E. überhaupt nicht. Jede religiöse Gemeinschaft ist weitgehend autonom, zu bestimmen, was sie als religiöse Ehe bezeichnet und anerkennt. Jede religiöse Gemeinschaft muss sich aber bewusst sein, dass ihre Eheschliessung keine zivilrechtlichen Wirkungen entfaltet.

Cyril Hegnauer, emeritierter Professor für Zivilrecht an der Universität Zürich, massgeblich an der Reform des Eherechts beteiligt, hat einen ähnlichen Standpunkt wie der Kirchenbund vertreten. So führt er aus: «Freilich besteht ein ideelles Problem. Nach katholischer Auffassung wird die Ehe erst durch die kirchliche Trauung geschlossen. Katholische Brautleute können daher streng genommen ihr Jawort vor dem Zivilstandsbeamten nur mit dem Vorbehalt der späteren kirchlichen Trauung abgeben. Dieser Gewissenskonflikt dauert aber, wenn die kirchliche Trauung der zivilen unmittelbar folgt, nur wenige Stunden. Solch kurze Einschränkung der Glaubens- und Gewissensfreiheit wird durch das öffentliche Interesse an klarer Ordnung der Ehe gerechtfertigt und ist darum mit der Verfassung vereinbar. Sie dürfte auch mit dem Rechtsempfinden in Einklang stehen».

Diese Äusserung sollte jeden Katholiken und jede Katholikin und erst recht jeden Kirchenrechtler aufschrecken. Man könnte den Eindruck gewinnen, dass *Hegnauer* an dieser Stelle das, was *Bundesrat Prof. Koller* betont hat, übersieht: Zivile Ehe und kirchliche Trauung sind (für die katholische Kirche) zwei völlig verschiedene Dinge. Die kirchliche Eheschliessung erzeugt keine zivilrechtlichen Wirkungen, und die zivilrechtliche Trauung (mindestens für Katholiken) keine kirchlichen Wirkungen. Zudem bestätigt *Hegnauer* mit seiner Aussage gleich selbst, dass das Voraustrauungsverbot eine Einschränkung der Kultusfreiheit (Art. 15 BV) bewirkt, wenn auch für die meisten Nupturienten nur eine «kurzfristige».

Bundesrat Arnold Koller hat darauf hingewiesen, dass die zivile Ehe und der kirchliche Akt zwei völlig verschiedene Dinge seien. Damit sollten die Befürchtungen des Kirchenbundes hinfällig sein.

Dazu kommen die folgenden für Katholiken und Katholikinnen seit der Einführung der kanonischen Eheschliessungsform auf dem Konzil von Trient (1545-63) wesentlichen Kriterien:

[17] Cyril Hegnauer: Die Ehe ist ein ziviler Akt. Neue Zürcher Zeitung, 14.01.1997, S13.

- † Die zur *Gültigkeit* der Ehe erforderliche Formpflicht: Eheschliessung nach der kanonischen Form. (cc. 1108 – § 1, 1117).
- † *Eheschliessungsform*: Öffentlicher Konsens unter Assistenz des Ortsordinarius oder des Ortspfarrers und in Anwesenheit von zwei Zeugen. (c. 1108 - § 1).
- † Die Eheschliessungsform muss eingehalten werden, wenn wenigstens einer der Eheschliessenden in der katholischen Kirche getauft oder in sie aufgenommen wurde und nicht durch einen formalen Akt von ihr abgefallen ist. (c. 1117).
- † Dass in Anbetracht der *Realidentität* die Abgabe des Konsenses nicht vom Sakrament getrennt werden kann. Deshalb kann es zwischen Getauften keinen gültigen Ehevertrag geben, ohne dass er zugleich (*eo ipso*) Sakrament ist. (c. 1055 - § 2).
- † Dass die Eheschliessung ausserhalb der Kirche *verboten* und *ungültig* ist. [Unter Vorbehalt der *Erlaubnis* (licentia) nach cc. 1124, 1125 oder des *Dispens* (dispensatio) nach c. 1086 § 2].
- † Vor der Ziviltrauung ist die Eheschliessung in der Kirche verboten, aber das Verbot und die damit verbundene Einschränkung der Kultusfreiheit dauert nur wenige Stunden und ist darum mit der Verfassung vereinbar, argumentiert *Hegnauer*.
- † Das *katholische* Brautpaar darf sein Jawort ohne Gewissenskonflikte vor dem Zivilstandbeamten abgeben. Mit der zivilen Eheschliessung werden die bekannten zivilrechtlichen Wirkungen erzeugt. Dieses Jawort kann vom Zivilrichter wieder aufgehoben werden. Ohne kirchliche Trauung ist die Ehe weder gültig noch sakramental. Für die nichtsakramentale Ehe besteht nach kanonischem Recht die Möglichkeit der Auflösung aufgrund des *Privilegium Paulinum* (cc. 1143-1150) oder des *Privilegium Petrinum* (nicht im CIC).
- † Das *reformierte* Brautpaar schliesst - ohne nachträgliche kirchliche Trauung – vor dem Zivilstandsbeamten eine gültige und sakramentale Ehe.

Hegnauer befürchtete, dass bei einer Aufhebung des Verbots der kirchlichen Voraustrauung ein Brautpaar «nur kirchlich und ohne vorausgehendes staatliches Verkündverfahren getraut» werden könnte.

Für die kirchliche Eheschliessung braucht es kein staatliches Verkündverfahren und für die zivile Eheschliessung braucht es kein kirchliches Verkündverfahren. Der Staat anerkennt ja die kirchliche Trauung nicht und sie entfaltet auch keine zivilrechtliche Wirkung. Und die katholische Kirche anerkennt das staatliche Verkündverfahren nicht; sie hat ein eigenes.

Die rein kirchliche Trauung (*Matrimonium mere ecclesiasticum*), die für *Hegnauer* eine juristische Befürchtung ist, kann für katholische Brautpaare ein pastorales Anliegen sein. Das Beiheft zum Münsterischen Kommentar zum Codex Iuris Canonici (BzMK) von *Sanders* über «*Die rein kirchliche Trauung ohne zivilrechtliche Wirkung*» war zum Zeitpunkt der Revision des Eherechts (leider) noch nicht erschienen. Man muss auch bedenken, dass vor dem Konzil von Trient (1545-63) unter ähnlichen Umständen wie bei denen zur Diskussion stehenden Nupturienten der Ehewille eine gültige klandestine Ehe begründen konnte.

Der neue CIC beurteilt die Rechtsnatur der *Zivilehe* formpflichtiger Personen nicht als *Konkubinat*, lässt aber offen, ob sie terminologisch als nichtige (ungültige) Ehe (*matrimonium non existens*) zu qualifizieren ist, da das konstitutive Element der öffentlichen Form bei der Zivilehe verwirklicht ist. *Papst Pius IX.* (1846-1878) hatte in seiner Ansprache «*Acerbissimum*» vom 27. September 1852 die Zivilehe Formpflichtiger ihrer Rechtsnatur nach noch als Konkubinat bezeichnet, was aus der Sicht des gegenwärtigen Kirchenrechts entschieden verneint wird. Warum also die Sorge, es könnten kirchliche Trauungen ohne zivile Trauung abgeschlossen werden

Die Mehrzahl der Schweizer Bürgerinnen und Bürger sind sich nicht bewusst sein, dass auch bei Aufhebung des Primats der Ziviltrauung die kirchliche Trauung allein ohne Rechtswirkung bliebe. Noch weniger ist dies bei Ausländern zu erwarten, die heute an 37% der Trauungen in der Schweiz beteiligt sind und von denen viele aus Ländern stammen, in welchen die Ehe gültig durch religiöse Trauung geschlossen werden kann. Eine generelle Pflicht der Geistlichen, die Brautleute vor der religiösen Trauung auf das Erfordernis der Ziviltrauung hinzuweisen, lässt sich kaum durchsetzen.

In der Schweiz wird die Eigenverantwortung und Mündigkeit gross geschrieben. Das Mündigkeitsalter wurde auf 18 Jahre hinuntergesetzt, obwohl im 20. Jahrhundert die Reifegrenzen divergierend verlaufen. Während die physische Reife (Geschlechtsreife) sinkt (14 j. ⇨ 12 j.) steigt die psychische Reifegrenze, welche massgeblich ist für die Bindefähigkeit (14 j. ⇨ 17 j.).

Exkurs: *Über ungeborenes menschliches Leben soll der Mensch in Eigenverantwortung innert Frist entscheiden können und dürfen. Nur vor der kirchlichen Trauung muss der Mensch geschützt werden.* Wie steht es um die Mündigkeit, um die Fähigkeit zu eigenverantwortlichem Handeln bei dem man mit seinem Gewissen vor Gott steht? Wissen alle Paare, was sie bei einem Schwangerschaftsabbruch tun?

Und wissen alle Brautpaare, was sie bei einer Ziviltrauung tun? Die Institution der Zivilehe wird wegen ihrer zivilrechtlichen Wirkung (Bürgerrecht) sogar missbraucht._Das Konkubinat wird vom Staat akzeptiert und steuerlich bevorteilt. Die rein kirchliche, gültige und sakramentale Ehe dagegen soll verhindert werden.

«Es geht ins gleiche Kapitel, wenn *Hegnauer* ausführt, gewisse Religionsgemeinschaften müssten dann selber schlüssig werden, ob und unter welchen Voraussetzungen sie beim Fehlen eines (zivilen) Ehescheines eine kirchliche Trauung vornehmen wollen» (*Vassalli*). Muss sich der Staat darum kümmern? Die katholische Kirche und die anderen religiösen Gemeinschaften könnten ja auch nach einer Aufhebung des Voraustrauungsverbots nach wie vor, wenn sie wollten, die kirchliche Trauung vom Vorliegen des Ehescheines abhängig machen. Es fordert ja niemand, dass die kirchliche Trauung der staatlichen

Eheschliessuung vor dem Zivilstandsbeamten vorausgehen müsse. Recht kann nicht allen Menschen gerecht werden und auch Ungerechtigkeit schaffen.

Hegnauer gab zu bedenken, dass die Bundesverfassung das Recht zur Ehe unter den Schutz des Bundes stellt und damit die Ehe als Institution der schweizerischen Rechtsordnung garantiert. «Diese wird aber tangiert, wenn Religionsgemeinschaften den Begriff der Ehe für eine Paarverbindung von Mann und Frau in Anspruch nehmen, die von der Zivilehe unabhängig ist.» [18]

An dieser Stelle sollten wir uns vielleicht darauf besinnen, dass die katholische kirchliche Ehe mit ihren rein kirchlichen Auswirkungen wesentlich älter ist als die zivile (staatliche) Ehe. Seit dem 12. Jahrhundert gilt die Ehe als 7. Sakrament (siehe Tabelle: Kleine Geschichte des Eherechts). Der von *Hegnauer* erwähnte kirchliche Anspruch besteht unabhängig von staatlichen Forderungen. Andererseits wäre es gut (ein *bonum*), wenn sich der von *Hegnauer* gerühmte Schutz des Ehe*bundes* (foedus matrimoniale) (c. 1055 § 1) durch den *Bund* (Confoederatio Helvetica) (foedus, lat.: Bündnis) auch wirklich positiv auswirken würde und nicht nur darin bestünde, die Scheidung der Ehe zu erleichtern. Das Staatskirchenrecht ist unilaterales Recht. Es steht in einer gewissen Spannung zum kanonischen Recht (Recht der katholischen Kirche). Und es besteht zudem ein Spannungsfeld zum Eheverständnis der katholischen Kirche. Für die katholische Kirche sind viele Fragen durch das kanonische Gesetzbuch weitgehend beantwortet. Andere Religionsgemeinschaften, die kein eigenes Recht kennen, dürften sich am staatlichen Eheschliessungsrecht orientieren. Geblieben ist die alte, heute über 22-jährige und immer noch gleich lautende Frage: «Primat der Ziviltrauung – alter Zopf oder sinnvolle Norm?» (*NZZ* vom 14. Januar 1997, S13).

Die neue gesetzliche Regelung der Eheschliessung (Art. 97 Abs. 3 ZGB) entspricht der alten aus dem Jahre 1874 (Art. 118 Abs. 2 ZGB) und hat somit 131 Jahre Bestand. Der *Nationalrat* hielt in der Schlussabstimmung vom 26. Juni 1998 bei Art. 97 Abs. 3 ZGB daran fest, dass die Ziviltrauung vor der kirchlichen Trauung stattzufinden hat. Dagegen wurden die Strafsanktionen der Zivilstandsverordnung aus Art. 182 Abs. 2 «Wer entgegen der Bestimmung des Artikels 118 Absatz 2 ZGB eine kirchliche Trauungsfeierlichkeit vornimmt, wird mit einer Busse bis zu 500 Franken, im Wiederholungsfalle bis zu 1000 Franken bestraft» per 31. Dezember 1999 aufgehoben. Die ZStV enthält somit keine religionsrechtlichen Bestimmungen im engeren Sinn mehr. (*Schweizerische Kirchenrechtsquellen 2000*: II. Religionsrecht des Bundes, S40).

Beim Voraustrauungsverbot, wie wir es heute vorfinden, handelt es sich somit um eine «*lex imperfecta*», da eine vor der zivilen (standesamtlichen) Eheschliessung stattfindende kirchliche Trauung eine Gesetzeswidrigkeit darstellt, indessen ein Verstoss gegen Art. 97 Abs. 3 ZGB heute nicht mehr sanktioniert wird.

---

[18] Cyril Hegnauer: «Heiraten – zuerst auf dem Standesamt, dann in der Kirche. Primat der Ziviltrauung – alter Zopf oder sinnvolle Norm?» Neue Zürcher Zeitung NZZ, 14. Januar 1997, S13.

Art. 167 Abs. 1 ZStV verpflichtete bislang die Zivilstandsbeamten, den Ehegatten nach der Trauung einen *Eheschein* und das *Familienbüchlein* auszuhändigen. Neu ist einzig das Familienbüchlein gegenüber Verwaltungsbehörden, somit auch gegenüber den die kirchlichen Trauungen vollziehenden Geistlichen, als Ausweis über den Bestand einer Familie vorgesehen (Art. 146 ZStV). Der Eheschein wird nicht mehr von Amtes wegen abgegeben. (*Schweizerische Kirchenrechtsquellen 2000*).

Das also ist der abgelaufene und revidierte (chronische) «Krankheitsfall» im Eherecht, nach Entstehung, Verlauf und Ausgang. Ist er damit geheilt, wenn das Resultat (*lex*) das Attribut «*imperfecta*» trägt? Ist ein Rezidiv ausgeschlossen? Wie bei allen demokratischen Abstimmungen, so gab es auch nach der Schlussabstimmung des Nationalrates vom 26. Juni 1998 bei Art. 97 Abs. 3 ZGB «Gewinner» und «Verlierer». Verlierer sind alle diejenigen Katholiken und Katholikinnen, die nach dem deutlichen Resultat bei der Abstimmung im Ständerat im Herbst 1996, wo ein Antrag auf Streichung des Voraustrauungsverbotes in der kleinen Kammer eine Mehrheit von 21 zu 10 Stimmen erhielt, hofften, dass der Nationalrat in gleichem Sinne entscheiden würde, um das Verhältnis Kirche-Staat weiter zu entflechten und die Kultusfreiheit (Art. 15 BV) nicht einzuschränken. Das Voraustrauungsverbot wurde jedoch nicht «gestrichen». Der Art. 97 Abs. 3 ZGB steht nach wie vor als «*Graphos nomos*» im öffentlich bekanntgemachten Schweizerischen Gesetzestext. Dieser Gesetzesartikel ist kein «Ungeschriebenes Gesetz» (*Agraphos nomos*) im Sinne des *Solonischen Gesetzes*, das die Anwendung nicht schriftlich aufgezeichneter und nicht öffentlich bekanntgemachter Gesetze strikte ausschloss. In der Folge bezeichnet jedoch der Begriff «*Agraphos nomos*» das in der Natur begründete, schriftlicher Bestätigung nicht bedürftige «Naturrecht» (*Bartels*)[19]. Dazu gehört auch die Ehe. Die Ehe zwischen Mann und Frau ist gemäss Erlösungsordnung etwas naturrechtlich Gegebenes und kann zusätzlich noch Sakrament sein.

Es wäre von Katholik sicher vermessen, im Vorausstrauungsverbot von Art. 97 Abs. 3 eine staatliche «Heiratsstrafe» (für einige Stunden oder lebenslänglich) sehen zu wollen. Dagegen darf die steuerliche Benachteiligung von Ehepaaren gegenüber Konkubinatspaaren wohl zu Recht als «Heiratsstrafe» bezeichnet werden.

Wie lange noch? Die «Heiratsstrafe soll fallen» stand als Schlagzeile im «Bund» vom 16. Juni 2000. Der Nationalrat will einen Wechsel zur Individualbesteuerung: «Ehepaare sollen als Steuerzahler nicht länger schlechter gestellt sein als Konkubinatspaare». So, wie «bei der Vorbereitung der Revision des Zivilgesetzbuches erwogen wurde das Voraustrauungsverbot abzuschaffen, um kirchliche und staatliche Angelegenheiten weiter zu entflechten», handelt es sich auch hier um ein Beispiel staatlicher «Entflechtungsversuche». Bei dieser Form der Benachteiligung von Ehepaaren ist jedoch lediglich von den Steuern die Rede,

[19] Klaus Bartels: «Agraphos nomos» (Ungeschriebenes Gesetz). Zit. in: Veni-Vidi-Vici: Geflügelte Worte aus dem Griechischen und Lateinischen (S7) Wissenschaftliche Buchgesellschaft Darmstadt (1992) ISBN 3-543-11920-7.

während Renten davon nicht betroffen sind. Wie gross soll die gemeinsame Deckungsfläche von Moral und Recht sein?

DAS KATHOLISCHE EHEVERSTÄNDNIS

Das katholische Eheverständnis und die Wesenseigenschaften der Ehe sind im *Katechismus der Katholische Kirche* entfaltet (Artikel 7 – Das Sakrament der Ehe)[20]. Querverweise auf die entsprechenden Bibelstellen sowie auf die Textstellen des *Vaticanum II* (1962-1965) und die Canones des CIC (1983) finden sich eingefügt im Text und in Fussnoten.

Der *Ehebegriff* - ohne bloss Definition zu sein – geht auf das *Vaticanum II* (1962-1965) zurück. Er gehört zum «*Ius Divinum positivum*» (Offenbarungsrecht) und bildet den Einstiegskanon in das Eherecht:

Can. 1055 - § 1: «*Der Ehebund, durch den Mann und Frau unter sich die Gemeinschaft des ganzen Lebens begründen, welche durch ihre natürliche Eigenart auf das Wohl der Ehegatten und auf die Zeugung und die Erziehung von Nachkommenschaft hingeordnet ist, wurde zwischen Getauften von Christus dem Herrn zur Würde des Sakramentes erhoben.*»

Die Heilige Schrift beginnt mit der Erschaffung des Mannes und der Frau nach dem Bilde Gottes (Gen 1,26-27) und schliesst mit der Vision von der «Hochzeit des Lammes» (Offb 19,7.9). Von ihren ersten bis zu den letzten Seiten spricht die Bibel von der Ehe und ihrem «Mysterium», von ihrer Einsetzung und dem Sinn, den Gott ihr gegeben hat, von ihrem Ursprung und ihrem Ziel, von ihrer unterschiedlichen Verwirklichung im ganzen Verlauf der Heilsgeschichte, von ihren aus der Sünde hervorgegangenen Schwierigkeiten und von ihrer Erneuerung «im Herrn» (1 Kor 7,39) im Neuen Bund Christi und der Kirche (Eph 5,31-32). *Katechismus der Katholischen Kirche*: Artikel 7 – Das Sakrament der Ehe, 1602, S431.

Die Ehe ist zunächst eine naturale (nichtreligiöse) Einrichtung und gehört zur *Schöpfungsordnung*. Das naturale Eheverständnis ist Göttliches Recht (*ius divinum*). «Die eherechtlichen Bestimmungen der cc. 1055-1165 handeln in weiten Teilen von der naturalen Ehe in ihrem schöpfungsmässigen Wesen. Diese Normen gelten für alle Menschen.» (*Brosi*). Nach katholischem Eheverständnis weist die Ehe zudem eine transzendentale, religiöse Dimension auf und gehört damit auch zur *Erlösungsordnung*. Das naturale Element und das transzendentale, spezifisch christliche (sakramentale) Element bilden eine Einheit, weil sie aus der untrennbaren Wechselwirkung der Schöpfungs- und Erlösungsordnung hervorgehen. «Das christliche (religiöse) Eheverständnis klammert das naturale (nichtreligiöse) Element keineswegs aus, sondern setzt es voraus und schliesst es ein.» (*Brosi*).

«*Gratia supponit naturam*» (Die Gnade setzt die Natur voraus). (54). Dieser von *Thomas von Aquin* geprägte, alte kirchliche Grundsatz verweist auf den für das

20 Katechismus der Katholischen Kirche. Ecclesia Catholica. Artikel 7: Das Sakrament der Ehe (S431ff.) Verlag Oldenbourg (1993). ISBN 3-486-55999-0)(*Moser*, S. 98) (38).

Eherecht ganz wesentlichen Zusammenhang von Schöpfungs- und Erlösungsordnung und damit auch auf deren immanente Wechselwirkung in der christlichen Ehewirklichkeit.

Natur und *Gnade* sind korrelative Begriffe, wie der klassische Satz aussagt: «*Gratia supponit naturam, elevat et perficit*» (Die Gnade setzt die Natur voraus, erhebt sie und vollendet sie). Wir haben hier ein für die Theologie äusserst wichtiges Begriffspaar vor uns: Wie wirkt **Gott an uns, was tut Gott an uns, wie wirken wir mit ihm. Natur ist hier nicht Natur im Sinne von Flora und Fauna. Es handelt sich hier um einen philosophischen, bzw. theologischen Begriff vom Menschen. Es geht um die Natur des Menschen, um das Wesen des Menschen, seinen Seinsstand, seine Grundbestimmung. Und dann eben um das, was die Gnade mit dieser Natur des Menschen bewirkt. Diese Frage ist auch für das Eheverständnis von eminenter Bedeutung. Die Ehe ist eine naturrechtliche Gegebenheit und kann zusätzlich noch Sakrament sein. Die Sakramentalität ist rechtlich relevant für die Frage der Unauflöslichkeit. (Can. 1056). Für die nichtsakramentale Ehe besteht die Möglichkeit zur Auflösung aufgrund des *Privilegium Paulinum* (cc. 1143-1150) oder des *Privilegium Petrinum* (nicht im CIC).

«Die Ehe ist ein weltlich Ding», sagte *Martin Luther.*

«Die Ehe ist ein Sakrament», sagt *die katholische Kirche.*

Manche theologische Begriffe sind heute ihres christlichen Sinns «entkleidet»: Liebe im christlichen Sinn von *agape* (das gemeinsame Mahl der Urkirche), nicht von *eros* (grch.), *amor* (lat.) oder *philía* (grch.). Die *Wesenselemente* des katholischen Eheverständnisses sind tief im Boden der Geschichte verwurzelt. Sie sind aus der tabellarischen Zusammenstellung «Kleine Geschichte des Eherechts» ersichtlich. Mit der Problematik im Zusammenhang mit dem staatlichen Recht haben wir uns in den vorangehenden Kapiteln auseinandergesetzt. Es sollen daher hier lediglich diejenigen Kriterien und Positionen erwähnt werden, welche für die Frage der rein kirchlichen Eheschliessung relevant sind: Das Eherecht im Rahmen des kanonischen Kirchenrechts im CIC 1983:

- Buch IV: «Heiligungsdienst»
- Cc. 1055 - 1165
- Die Ehe als das 7. Sakrament

Das kanonische Eherecht ist vor allem Eheschliessungsrecht. Das «Werden» der Ehe (*matrimonium in fieri*) bestimmt das «Sein» der Ehe (*matrimonium in facto esse*). Für die römisch-katholische Kirche ist die Ehe zwischen zwei Getauften ein Sakrament; das siebte!

DIE EHEPARTNER SPENDEN EINANDER DAS EHESAKRAMENT SELBST

«*Deshalb kann es zwischen Getauften keinen gültigen Ehevertrag geben, ohne dass er zugleich (eo ipso) Sakrament ist.*» (Can. 1055 - § 2).

Die Lehre von der *Realidentität* von Vertrag und Sakrament bewirkt einen «Sakramentenautomatismus». «*Ein Irrtum über die Einheit oder die Unauflöslichkeit oder die sakramentale Würde der Ehe beeinträchtigt den Ehekonsens nicht, sofern er nicht den Willen bestimmt*» (Can. 1099).

Die katholische Kirche beansprucht die *Ehehoheit.* Deshalb müssen sich alle Menschen an wesentliche Elemente der Ehelehre halten (ius divinum). Als Ausgangspunkt zur kanonischen Erfassung der *Gültigkeit* der Ehe dient Can. 1057 - § 1.

«*Die Ehe kommt durch den Konsens der Partner zustande, der zwischen rechtlich dazu befähigten Personen in rechtmässiger Weise kundgetan wird; der Konsens kann durch keine menschliche Macht ersetzt werden*» (Can. 1057 – § 1).

Katholiken und Katholikinnen sind zusätzlich verpflichtet, die Ehe gemäss der kanonischen Eheschliessungsform einzugehen. Danach bemisst die Kirche die Gültigkeit von Ehen.

- **Can. 1108 – § 1**: «*Nur jene Ehen sind gültig, die geschlossen werden unter Assistenz des Ortsordinarius oder des Ortspfarrers oder eines von einem der beiden delegierten Priesters oder Diakons sowie vor zwei Zeugen, jedoch nach den Regeln der folgenden Canones und unbeschadet der in den cann. 144, 1112 – § 1, 1116 und 1127 - § 1-2 genannten Ausnahmen.*»
- **Can 1117**: «*Die oben vorgeschriebene Eheschliessungsform muss unbeschadet der Vorschriften des can. 1127 - § 2 eingehalten werden, wenn wenigstens einer der Eheschliessenden in der katholischen Kirche getauft oder in sie aufgenommen wurde und nicht durch einen formalen Akt von ihr abgefallen ist.*»

Formpflichtige Brautpaare (c. 1117: mindestens 1 Partner katholisch) spenden sich bei der kirchlichen Eheschliessung unter Assistenz des Priesters sowie vor zwei Zeugen (c. 1108 - § 1) gegenseitig das Ehesakrament. Die Sakramentalität ist rechtlich relevant für die Unauflöslichkeit (c. 1056).

Das Ehesakrament macht den Ehebund unauflöslich und schützt ihn auch vor jedem zivilen Richterspruch

Ungültigkeit bei einem Konsensmangel (positiver Willensakt) bleibt vorbehalten. (c. 1101 - § 2). *Gültig* ist eine Ehe nur dann, wenn sie nach den kirchlichen Vorschriften (Formpflicht) geschlossen wird. Dabei erfragt der Priester im Beisein von zwei Zeugen den Ehekonsens. Für die Eheschliessung mit einem Christen anderer Konfession (*mixta religio*) kann die Erlaubnis (*licentia*) erteilt werden, nur standesamtlich oder nach dem Ritus der anderen Konfession zu heiraten. (cc. 1124,

1125). Für die Eheschliessung mit einem Nichtchristen (*disparitas cultus*) kann ein Dispens (*dispensatio*) erteilt werden, nur standesamtlich oder nach dem Ritus der anderen Religion zu heiraten. (c. 1086 § 2).

Das kanonische Recht benennt zwei *Wesenseigenschaften* der Ehe: *Die Wesenseigenschaften der Ehe sind die Einheit und die Unauflöslichkeit, die in der christlichen Ehe im Hinblick auf das Sakrament eine besondere Festigkeit erlangen* (Can. 1056). Einheit: Monogamie und Treue. Innere und äussere Unauflöslichkeit (Mk 10,9; Mt 19,6; Can. 1141).

Diese Wesenseigenschaften gehören zum Kern des katholischen Eheverständnisses und sind unaufgebbar. Die Eheleute können sich zwar in Bezug auf «Tisch und Bett» trennen, aber eine *Scheidung* ist nach kanonischem Recht nicht möglich. Kirchlich kann deshalb nur heiraten, wessen früherer Ehebund durch Tod aufgelöst oder durch eine Ungültigkeitserklärung für nichtig erklärt (Annullation) wurde.

Die für die rechtliche Gültigkeit der Ehe massgeblichen Kriterien nach Can. 1057 bilden den Rahmen dieser Arbeit:

- Ehefähigkeit: Kein Ehehindernis (cc. 1058, 1083-1094).
- Ehekonsens: Kein Konsensmangel (cc. 1101, 1056, 1102, 1096, 1097 - § 1, 1097 - § 2, 1098, 1103).
- Eheschliessungsform nach c. 1108.- Die christliche Verbindung von Mann und Frau im Ehebund gehört zu der ursprünglich religiösen Fundierung der allgemein akzeptierten Wertvorstellungen (Eph 5,32). Das christliche Eheverständnis umschliesst das naturale.

PROBLEMLÖSUNG IN DER PASTORALEN PRAXIS

«*Ante consulas, post agas*»
(Vorher bedenke, danach handle)
Sala Paolina Engelsburg in Rom[21]

Zwei Aspekte markieren die Ausgangsposition und den Weg zu einem pastoralen Ziel: Am Anfang stehen getaufte gläubige Witwer, die allein oder in einer konkubinären Beziehung leben und den Willen zur Eheschliessung haben und dazu frei von Ehehindernissen (cc. 1058, 1083-1094) und Ehekonsensmängeln (cc. 1101, 1056, 1102, 1096, 1097 - § 1, 1097 - § 2, 1098, 1103) sind, aber aus existentiellen wirtschaftlichen Gründen den Gang zum Zivilstandsamt meiden müssen. Wenden sich solche Paare an einen katholischen

[21] Klaus Bartels: «Ante consulas, post agas»(Vorher bedenke, danach handle). Zit. in: Roms sprechende Steine. Inschriften aus zwei Jahrtausenden. Inschrift in der Sala Paolina der Engelsburg von Rom S260. Verlag Philipp von Zabern, Mainz am Rhein (2004). ISBN 3-8053-2690-4.

Priester mit der Bitte um eine kirchliche Trauung, so steht dahinter das auf dem christlichen Glaubensfundament gekeimte Verlangen, das Zusammenleben vor dem eigenen Gewissen sowie vor einer konkreten Gemeinschaft von Gläubigen (Pfarreiangehörige), dem beruflichen Umfeld am Arbeitsplatz, dem Freundeskreis, den Familienangehörigen und der Gesellschaft zu legitimieren und kirchlich so zu ordnen, dass sie nicht wegen «wilder Ehe» von der Kommunion ausgeschlossen sind (vgl. *Sanders*). Hierbei geht es darum, dem Gewissenskonflikt der Betroffenen zu begegnen und gleichzeitig die mit einer Zivilehe entstehende materielle Notlage zu verhindern. Ein solcher pastoraler Weg, der gleichzeitig «Prävention» und «Therapie» sein soll, dürfte nicht einfach zu finden sein. Und es könnte sein, dass der vom Priester vorgeschlagene Lösungsweg dem weltlichen Recht zuwider läuft. Im Spannungsfeld mit dem staatlichen Gesetz stehen Brautpaar, Bischof und Priester mit ihrem eigenverantwortlichen Gewissensentscheid an einer Wegkreuzung mit einem «Wegkreuz».

AVE CRUX - SPES UNICA! «An vielen Wegkreuzungen stand früher ein *Weg-Kreuz* zum Innehalten, zum Stillwerden, zum Beten, zum Nachdenken. Heute müssen in der Schweiz an gewissen Orten Kreuze entfernt werden. Das Innehalten ist eine integrale Bedingung der physischen und psychischen Gesundheit des Menschen. Gesundheit, Schaffenskraft, den Beistand des heiligen Geistes und ansteckende Be-Geist-erung kann nur ein im Bewusstsein von Innehalten, Beten und Arbeiten lebender Mensch erlangen. . . Am Wegkreuz innehaltend, erinnern wir uns auch an Leid und überstandene Schmerzen. . . Gehe im Glauben an Gott und in der Liebe beharrlich den Weg deiner Pflicht, und der Herr wird dich heilig machen!» Welchen Weg sollen sie einschlagen?

- Ein *Wegweiser* verweist auf das Recht auf den Empfang der Sakramente: «*Ius est christifidelibus ut ex spiritualibus Ecclesiae bonis, praesertim ex verbo Dei et sacramentis, adiumenta a sacris Pastoris accipiant.*» (Can. 213). Dieses Grundrecht ist in Bezug auf das Eherecht in Can. 1058 näher spezifiziert: «*Omnes possunt matrimonium contrahere, qui iure non prohibentur.*»

- Ein Wegweiser zeigt in der Richtung auf «die (konkordatär) geregelte Verpflichtung von Seiten der Kirche, keine kirchliche Eheschliessung zuzulassen, wenn die Partner nicht zuvor staatlich geheiratet haben (abgesehen von dem Fall der Todesgefahr und bei nicht in anderer Weise behebbarem sittlichem Notstand)» (Sanders).

  «*Ante consulas, post agas*». Zu bedenken vor dem Handeln ist der Gewissenskonflikt zwischen den Positionen Konkubinat, Gewissensehe, Zwangszivilehe und Religionsfreiheit, um eigenverantwortlich einen Gewissensentscheid vor Gott zu finden und nach dieser Option zu handeln. *Der gute Hirt* (Joh 10,11.14) – hier sind damit Bischof und Pfarrer bezeichnet – sollte vielleicht auch die Frage Jesu bedenken, wenn das Brautpaar mit seiner Bitte vor ihnen steht: «*Oder ist einer unter euch, der seinem Sohn einen Stein gibt, wenn er um Brot bittet.*» (Mt 7,9). Der Staat kann viel dazu beitragen, dass Menschen ihr tägliches Brot haben, doch das sakramentale Brot kann der Staat nicht aufscheinen lassen und geben. Das «*Brot des Lebens, das für euch hingegeben wird*» (Lk 22,19) bleibt der Kirche vorbehalten, dieser Kirche, die von der Eucharistie lebt. (*Papst Johannes Paul II.*: Enzyklika «Ecclesia de Eucharistia.»)

Das kanonische Eherecht gesteht grundsätzlich auch jedem Christen das Recht auf Empfang des Ehesakramentes zu (vgl. can. 1058). «Sollte nun die Kirche einfach in Kauf nehmen, dass ihre Geistlichen in diesen Fällen eine Ordnungswidrigkeit begehen und das Voraustrauungsverbot nicht beachten?» (*Sanders*). Mit einer Bestrafung wäre bei Übertretung von Art. 97 Abs. 3 ZGB jedenfalls nicht zu rechnen.

Welche (anderen) Möglichkeiten stehen der Kirche zur Verfügung, ohne dass ihr der Vorwurf gemacht werden kann, die geltende Rechtsordnung zu missachten? Was gibt es für betroffene Brautpaare für Lösungswege im Umgang mit dem Voraustrauungsverbot? Gibt es unter den gegebenen Auspizien pastorale Lösungen?

Die pastorale Praxis kennt verschiedene «Lösungswege»

1. Die Trauung im Ausland («Eheschliessungstourismus» oder «Grenzgängerlösung»): Die Reise in das Nachbarland Österreich.
2. Die Geheimehe («Gewissensehe»).
3. Die Noteheschliessung.
4. Der Gewissensentscheid des Bischofs oder des Priesters?

1. Die Reise in das Nachbarland Österreich

Am 27. April 1995 war in der Süddeutschen Zeitung unter der Überschrift «Immer mehr Deutsche heiraten in Österreich» zu lesen: «Immer mehr vor allem ältere Brautleute heiraten in Österreich kirchlich, um den Gang zum Standesamt mit den entsprechenden Rechtsfolgen zu vermeiden. Wie die Diözese Augsburg mitgeteilt hat, ist dieser Schritt kirchenrechtlich möglich, wird aber von den deutschen Diözesen sehr zurückhaltend gehandhabt. Das Augsburger Ordinariat erlaube sogenannte «nur kirchliche Trauungen» nur in ganz besonderen Ausnahmefällen. Nach Angaben des stellvertretenden Augsburger Generalvikars *Josef Heigl* ist die Hochzeit in Österreich vor allem für deutsche Witwen und Witwer interessant, die ihren Rentenanspruch aus erster Ehe nicht durch neuerliche Heirat verlieren wollen. Mit der «nur kirchlichen Trauung» können verwitwete Katholiken, die mit einem neuen Partner zusammenleben, ihre Verhältnisse im kirchlichen Sinn so ordnen, dass sie nicht wegen «wilder Ehe» von der Kommunion ausgeschlossen sind» (*Sanders*).

Vor der Okkupation Österreichs durch die deutschen Truppen am 12./13. März 1938 war es österreichische Rechtstradition, dass der kirchlichen Trauung zumindest Gleichwertigkeit mit der bürgerlichen Eheschliessung beigemessen wurde. Durch das «Gesetz über die Wiedervereinigung Österreichs mit dem Deutschen Reich vom 13. März 1938» galt auch in Österreich das nationalsozialistische deutsche Eherecht mit den Strafbestimmungen des § 67 PStG über das Voraustrauungsverbot in voller Härte: Geldstrafe bis zu zehntausend Reichsmark oder strenger Arrest bis zu fünf Jahren.

Die österreichischen Bischöfe haben am 23. November 1950 die Weisung, wonach die Geistlichen dazu verpflichtet wurden, die kirchliche Trauung erst vorzunehmen, wenn in einwandfreier Weise feststand, dass die Ziviltrauung bereits vollzogen war, mit sofortiger Wirkung *aufgehoben*. «Die Bischöfe begründeten ihre Entscheidung damit, dass jene Weisung der verfassungsmässig garantierten *Glaubensfreiheit* und der jahrhundertelangen *Rechtstradition* Österreichs widerspreche. Die katholische Kirche erkenne in den einschränkenden Bestimmungen des staatlichen Eherechts eine wesentliche Behinderung der religiösen Freiheit ihrer Mitglieder» (*Sanders*).

Es würde den Rahmen dieser Arbeit sprengen, hier die lange Entstehungsgeschichte des geltenden österreichischen Eherechts seit der Okkupation Österreichs durch die deutschen Truppen am 12./13. März 1938 und den dadurch bewirkten Umsturz der österreichischen Rechtstradition wiederzugeben.

Die Kirche Österreichs ist mit dem Urteil des Verfassungsgerichtshofes vom 19. Dezember 1955 wieder zur Freiheit der kirchlichen Eheschliessung gelangt. *Die Verantwortung für eine nach staatlichem Recht zwar zulässige aber zivilrechtliche unwirksame Trauung sollte auch von nun an nicht den Geistlichen übertragen werden, sondern stattdessen wie bisher bei den Ordinarien bleiben.*

Aufgrund der steigenden Zahl von rein kirchlichen Eheschliessungen wurde 1980 in einzelnen Diözesen Österreichs an die Weisung aus dem Jahr 1956 erinnert. In einer solchen Weisung heisst es: «Eine Übereinstimmung «kirchlich getraut – staatlich verehelicht» soll nach Möglichkeit angestrebt werden. Darum ist eine gewisse Zurückhaltung bei rein kirchlichen Ehen geboten. Zunächst wird als Masstab für die Entscheidung hinsichtlich der Erlaubniserteilung *die rein religiöse Motivation und die Ernsthaftigkeit des Ehewillens* der Ehebewerber genannt. Zudem beschränkt sich die Erlaubnis nur auf solche Fälle, in denen «eine standesamtliche Trauung für die Brautleute einen (erheblichen) wirtschaftlichen Nachteil mit sich brächte». Um dies zu prüfen, ist von dem Paar eine unterschriebene «Erklärung über die materiellen Voraussetzungen für eine rein kirchliche Trauung» vorzulegen. Ebenso wird darauf hingewiesen, dass zur Genehmigung der rein kirchlichen Trauung eine zusätzliche Erklärung der Brautleute zu unterzeichnen sei, aus der das Wissen um das Nichthinzutreten bürgerlicher Rechtswirkung zur angestrebten Eheschliessung ersichtlich wird. Mit dieser Erklärung wird auch die bereits erwähnte Ernsthaftigkeit im Hinblick auf das kirchliche Eheverständnis ersichtlich. Diese beiden Formulare, denen eine Stellungnahme des zuständigen Geistlichen angefügt werden soll, sind als Gesuch über das Ordinariat an den Erzbischof zu richten.».

Mit dieser Erklärung verpflichten sich die Bewerber im Falle der Beseitigung der mit der standesamtlichen Eheschliessung verbundenen Nachteile im gegenseitigen Interesse (und im Hinblick auf die Kinder) den bürgerlichen Akt nachzuholen.

Am 10. Februar 1980 erliess die Erzdiözese Salzburg eine Weisung an alle Pfarrämter hinsichtlich der rein kirchlichen Eheschliessung von *Ausländern.* Darin wird festgehalten, dass einer rein kirchlichen Trauung nichts entgegen stehe, sofern der im Ausland zuständige Geistliche das Brautprotokoll aufgenommen hat und die gegebene Trauungslizenz vom jeweiligen Ordinariat bestätigt wurde.

Kriterien für die bischöfliche Erlaubniserteilung zu einer rein kirchlichen Eheschliessung (Matrimonium mere ecclesiasticum) von Ausländern in Österreich.
• Rein religiöse Motivation. • Ernsthaftigkeit des Ehewillens der Ehebewerber. • Nachweis eines (erheblichen) wirtschaftlichen Nachteils den eine standesamtliche Trauung mit sich brächte. • Unterschriebene «Erklärung über die materiellen Voraussetzungen für eine rein kirchliche Trauung» (Inhalt der Erklärung: Siehe in • *Sanders*, Seite 48, Fussnote [167]). • Verpflichtung zur standesamtlichen Eheschliessung im Falle der Beseitigung der mit der bürgerlichen Ehe verbundenen Nachteile. • Jeder *Gläubige* ist verpflichtet, *Hindernisse*, von denen er Kenntnis hat, vor der Eheschliessung dem Pfarrer oder dem Ortsordinarius mitzuteilen. (c. 1069). • Wer die *Nachforschungen* über die Voraussetzungen zur Eheschliessung vornimmt (in der Regel der Pfarrer des Wohn- oder Aufenthaltsortes) (c. 1115), hat deren Ergebnis durch ein authentisches Dokument *dem Pfarrer des Trauungsortes* bekanntzugeben. (c. 1070). Wenn dieser nicht selbst die Trauung hält, teilt er davon dem der Trauung Assistierenden mit. (c. 1114).

Die katholische Kirche der *Schweiz* ist keine schweizerische Nationalkirche und macht somit nicht vor den Grenzen des Landes halt. Die katholische Kirche ist Weltkirche. Das Recht der Katholiken auf Empfang der Sakramente ist ein Universalrecht. (Can. 213). Im Can. 1058 wird dieses Grundrecht in Bezug auf das Ehesakrament näher spezifiziert. Wenn dieses Recht durch die staatliche Gesetzgebung eines Landes eingeschränkt ist, so können Katholiken und Katholikinnen durchaus von der Möglichkeit Gebrauch machen, ihren Wunsch in einem Land zu verwirklichen, in dem die kirchliche Gesetzgebung nicht vom staatlichen Recht tangiert wird.

Somit kommt auch in Zukunft für schweizerische Brautpaare nur eine Reise in das Nachbarland Österreich für das pastorale Problem der rein kirchlichen Trauung in Betracht!? Oder könnte es sein, dass sich vielleicht auch in der Schweiz Bischöfe oder Priester finden lassen, die aus einem pastoralen christlichen (katholischen) Glaubens- und Gewissensentscheid heraus sich nicht an das Gesetz halten?

2. Die Geheimehe («Gewissensehe»)

Die geheim geschlossene Ehe wird in der ordentlichen kanonischen Form (Can. 1108 - § 1), also vor einem assistenzberechtigten Priester und zwei Zeugen eingegangen, muss aber bei ihrer Schliessung wie in ihrem Bestand geheim gehalten werden. (*Heimerl, Pree*).

Für die Eingehung einer Geheimehe bedarf es der Erlaubnis des Ortsordinarius, der sich auf einen schwerwiegenden und dringenden Grund stützen muss. (Can. 1130). Ein derartiger Grund ist etwa eine vom Staat zu erwartende Strafsanktion oder die gesellschaftliche Verurteilung einer Ehe, z.B. die nicht standesgemässe Heirat eines Monarchen. In den meisten Fällen, in denen ein öffentliches Aufsehen vermieden werden soll, genügt es aber, bei einer rechtlich öffentlichen Eheschliessung jede faktische Publizität zu unterlassen und die Trauung im kleinsten Kreis ausserhalb des Wohnortes abzuhalten.

Die Geheimhaltungspflicht erstreckt sich auf die Nachforschungen vor der Eheschliessung und auf die Eheschliessung selbst. Sie ist von allen Beteiligten zu wahren, nämlich vom Ortsordinarius, von dem der Ehe Assistierenden, von den Zeugen und auch von den Gatten. (Can. 1131). Von Seiten des Ortsordinarius hört die Geheimhaltungspflicht auf, wenn aus ihrer Einhaltung ein schweres Ärgernis oder ein schweres Unrecht gegen die Heiligkeit der Ehe droht. Die Ehegatten sind davon in Kenntnis zu setzen. (Can. 1132). Ein Grund, die Geheimhaltung zu brechen, könnte z.B. der Versuch einer unrechtmässigen zweiten Eheschliessung sein oder provokantes Auftreten als unverheiratetes Paar.

Sie wurde früher «Gewissensehe» genannt, doch ist diese Bezeichnung aufgehoben, da die Geheimehe durch die kanonische Form sowie durch die Eintragung in einem besonderen *Geheimprotokoll* sehr wohl dem Rechtsbereich angehört. Das Geheimprotokoll wird im Geheimarchiv der bischöflichen Kurie aufbewahrt (Can. 1133).

3. Die Noteheschliessung

An der Genese der Noteheschliessung kann man erkennen, dass wegen der Konfliktsituationen, die die staatliche Gesetzgebung durch die Einführung der Zivilehe mit sich brachte, die ausserordentliche Form der Eheschliessung immer weiterentwickelt wurde. Bis zum Konzil von Trient (1545-1563) war die Eheschliessung an keine Form gebunden, auch wenn seit früher Zeit die Ehen «*in facie ecclesiae*», d.h. öffentlich geschlossen wurden.

Die Noteheschliessung, ist ein not-wendiges Mittel, um Formgebundenen in schwierigen Situationen eine *gültige und sakramentale Ehe* zu ermöglichen. (c. 1116). In *Todesgefahr* darf nicht mehr verlangt werden als c. 1068 fordert (*«sufficit»*).

Voraussetzung für die Noteheschliessung ist ein gesetzlich anerkannter Notstand, der aus zwei Elementen besteht:

- Ein zur gültigen Eheassistenz Berechtigter kann sich nicht ohne schweren (moralischen) Nachteil zu den Brautleuten begeben, noch können diese zu ihm kommen, noch auch ist ein Zusammentreffen an einem dritten Ort möglich.
- Die Unmöglichkeit in Todesgefahr ein zur gültigen Eheassistenz berechtigtes Trauungsorgan zu erreichen (Can. 1116 - § 1,1°).

4. Der Gewissensentscheid des Bischofs oder des Priesters

Ein Konflikt von staatlicher und kirchlicher Rechtsordnung soll möglichst vermieden werden. Dennoch muss beim vorliegenden pastoralen Problem die Frage wiederholt werden: Könnte es sein, dass sich vielleicht auch in der Schweiz Bischöfe oder Priester finden lassen, die aus einem pastoralen christlichen (katholischen) Glaubens- und Gewissensentscheid heraus sich nicht an das Gesetz halten? Auch diese Frage ist zu bedenken und zu prüfen. Es wäre schön, wenn sie bejaht werden könnte. Wozu dann also ins Ausland reisen, in das Nachbarland Österreich oder nach Polen oder in das spanische Mallorca? Schon *Goethe* hat davon abgeraten das Gute in der Ferne zu suchen:

«Willst du immer weiter schweifen?
Sieh, das Gute liegt so nah»
Goethe: «Erinnerung»

Es bleibt zu hoffen, dass sich auch in der Schweiz katholische Priester finden lassen, die aus pastoralen Gründen bereit sind für Brautpaare, die aus Gewissensgründen um eine kirchliche Trauung bitten, ohne eine Ziviltrauung zu wünschen, solche kirchliche Trauungen vorzunehmen: im vollen für kirchliche Trauungen vorgesehenen Ritus, in einer Kirche, mit liturgischen Gewändern und in voller Öffentlichkeit. Es ist ein Akt der Nächstenliebe und der Barmherzigkeit! Dabei ist jedoch Can. 1108 - § 1 zu beachten: Gültig und erlaubt assistiert der Eheschliessung nur der Pfarrer im eigenen Pfarrgebiet.

Wenn bisher gemäss Art. 182 Abs. 3 der Zivilstandsverordnung der Priester der ein Brautpaar vor der Ziviltrauung kirchlich traute erstmals mit einer Busse bis zu Fr. 500.--, im Wiederholungsfalle bis Fr. 1000.-- bestraft werden konnte, so kann dazu bemerkt werden, dass ein Brautpaar, dem aus einer Ziviltrauung existentielle Schwierigkeiten erwachsen würden, dem Priester diesen Betrag gerne ersetzen würde. Ob es überhaupt jemals zu Bussen kam, ist mir nicht bekannt.

Dr. iur. Mario Vassalli, ehem. Präsident II des Kantonsgerichts Obwalden schrieb dazu: «Als Präsident eines Kantonalen Gerichtes würde ich nicht zögern, dem Pfarrer achtenswerte Beweggründe (Art. 64 StGB), wenn nicht sogar einen Notstand (Art. 34 StGB) zuzubilligen. Und auch hier kommt die Bundesverfassung zu Hilfe. In Art. 49 Abs 2 BV heisst es: «Niemand darf wegen Glaubensansichten mit Strafen irgendwelcher Art belegt werden» (*Vassalli*). *Ständerat Carlo Schmid* und

Prof. Dr. Louis Carlen teilten in persönlichen Schreiben die von *Dr. iur. Mario Vassalli* publizierte Stellungnahme.

Das Recht der Katholiken auf Empfang der Sakramente ist ein Universalrecht. (Can. 213). Im Can. 1058 wird dieses Grundrecht in Bezug auf das Ehesakrament näher spezifiziert. Dazu liesse sich sagen:

Das Gesetz gehört nicht dem, der es schreibt, sondern dem, der es benutzt.

EPILOG

Es versteht sich von selbst, dass der Kommentar des Themas «*De matrimonio mere ecclesiastico ritu iuncto*» nicht erst hier, im Epilog beginnen kann. Mehrere Diskussionsbeiträge, Kommentare und Exkurse wurden bereits in den vorangehenden Text eingeflochten, insbesondere im Kapitel über die Revision des Eherechts im National- und Ständerat (1996-1998), weil sie nicht isoliert werden sollten und im direkten Problemzusammenhang wohl auch besser verständlich sind.

Die Beurteilung der Rechtslage muss von einer Wertschätzung des Rechts und der Rechtswissenschaft, mit ihrem eigenständigen Beitrag zur Gestaltung von Gesellschaft und Kirche ausgehen, ohne das «Humanum» und die «Biophilie» von der gemeinsamen Deckungsfläche von Moral und Recht zu verdrängen. Das ist nicht immer leicht.

Art. 97 Abs. 3 ZGB erinnert an den griechischen Dichter Pindar: «Nomos ho panton basileus thnaton te kai athanaton / agei dikaion to biaiotaton / hypertata cheiri.» Der (geltende , ordnende) Nomos, der König über alle (auch über die Schweizer), Sterbliche und Unsterbliche, führt mit sich, es rechtfertigend, das Gewalttätigste, in übermächtiger Hand. (*Pindar*, Fragment, wörtlich zitiert bei *Platon*). (*Bartes*)[22].

Der unübersetzbare griechische Grundbegriff «Nomos», hier erhoben zur obersten Ordnungsmacht, bezeichnet im Griechischen alles, was anerkannt ist und in Geltung steht: Brauch und Sitte, Norm und Regel, *Recht und Gesetz*. Auch das *Voraustrauungsverbot* des Schweizerischen Zivilgesetzbuches gehört dazu.

Wo stellt sich das Problem in der Praxis überhaupt? Im «Regelfall» kann es doch einem Ehepaar egal sein, wenn es, auch ohne gesetzliche Vorschrift, die Zivilehe der kirchlichen vorausgehen lässt. Es gibt aber Menschen in Lebenssituationen, wo die materielle Seite der zivilen Eheschliessung ein existentielles Problem darstellt und die damit verbundene Suche nach einer Möglichkeit einer rein kirchlichen Trauung («Umgehung» von Art. 97 Abs. 3 ZGB) weder als eine blosse «Prestigeangelegenheit», noch als Umgehungsversuch von steuerlichen Belastungen oder sogar als Versicherungsbetrug angesehen werden darf. Ein solcher Sachverhalt liegt dann vor, wenn Unterhalts- und Fürsorgeleistungen vom Staat, von gesetzlichen oder privaten Renten- und

---

[22] Klaus Bartels: Veni, Vidi, Vici: Geflügelte Worte aus dem Griechischen und Lateinischen, S22. Verlag Philipp von Zabern, Mainz (ISBN 979-3-8053-3553-9).

Unfallversicherungen bei einer Trauung vor dem Zivilstandsbeamten erlöschen und sich noch Kinder in der Ausbildung befinden.

Der Anspruch auf Leistungen für Witwen erlischt mit der Wiederverheiratung oder dem Tod der Witwe (Art. 22 Abs. 2 BVG). Und auch bei der Alters- und Hinterlassenenversicherung (AHV) erlischt der Anspruch auf die Witwen- oder Waisenrente mit der Wiederverheiratung (Art 23 Abs. 4 AHVG). Dazu kommt, dass immer mehr AHV- und IV-Rentner Ersatzleistungen benötigen, auch ohne an eine Wiederverheiratung zu denken.

Die nichtehelichen Lebensgemeinschaften haben an Zahl und Bedeutung zugenommen und entwickeln sich immer mehr zur allgemein tolerierten Selbstverständlichkeit. Die Ursachen dafür sind vielfältig und zu einem grossen Teil in der gesellschaftlichen Situation zu sehen. Völlig unzutreffend und überheblich erscheint angesichts dieser Tatsache ein Kommentar des «Panorama»-Moderators *Joachim Wagner*, der am Dienstag, 29. August 1989 in einer ARD-Ausstrahlung, welche das Thema der Trauung deutscher Brautleute im Nachbarland Österreich behandelte, und dem es in seinem Magazin nicht um den Ehewunsch dieser Brautleute aus religiösen Gründen, sondern «allein um die Doppelmoral, ja die Heuchelei der katholischen Priester und der Amtskirche» ging, formulierte: «Gottesmänner und Amtskirche beim Rentenschwindel» (Maas-Ewerd). Je weniger die säkularen Staaten das katholische Eheverständnis mit seinem Prinzip der Einheit und Unauflöslichkeit der Ehe anerkennen, umso wichtiger wird es für die katholische Kirche, die Frage nach der Gültigkeit und Sakramentalität von Ehen unabhängig vom Staat beurteilen zu können.

Das Voraustrauungsverbot ist zweifellos ein «nützliches» Gesetz (utile, Utilitarismus). Ist es in jedem Fall auch ein gerechtes Gesetz aus der Feder eines gerechten Gesetzgebers? Hat Gott sein Volk nicht gelehrt, «*dass der Gerechte menschenfreundlich sein muss*» (Weish 12,19).

Warum soll ein betroffenes Brautpaar für eine neue Partnerschaft in der zweiten Lebenshälfte nicht einfach die heute so verbreitete «wilde Ehe», wählen? Das Konkubinat, welches der Staat nicht bloss gestattet, sondern bisher auch noch steuerlich bevorteilt? Hat aber nicht gerade das Konkubinat gewisse Aspekte der *klandestinen* (geheimen) Ehe, die im ganzen Mittelalter ein soziales Problem waren. Ein wesentlicher Unterschied besteht jedoch: Die klandestinen Ehen galten als gültig geschlossene Ehen. Es könnte sein, dass Art. 97 Abs. 3 ZGB das Konkubinat dieser Nupturienten geradezu fördert.

Es wäre wohl gewagt, die Schweiz, wo man den Glauben buchstäblich verdunsten sieht, nicht mehr als christliches Land zu bezeichnen. Es soll jedoch Fälle geben, wo Konkubinatspaaren nach *zivilem* Eheabschluss einerseits die ihnen zustehenden Witwen- und Waisenrenten gestrichen und andererseits auch noch wesentlich höhere Steuern belastet wurden. Sollte man diesen Paaren nicht Verständnis entgegenbringen, wenn sie vor der zivilen Ehe zurückschrecken?

«*Wenn ihr an den glaubt, der Euch die Hand reicht,*
und Vertrauen habt, dann legt sich der Sturm.»
Mt 14,27-32

Hier angelangt, müssen wir uns nochmals darauf besinnen, dass Recht situativ auch Unrecht schaffen kann, denn keine Rechtsordnung kann alle möglichen Lebenssituationen adäquat regeln. Die rechtliche Forderung von *aussen*, das Gesetz (Art. 97 Abs. 3 ZGB), steht der moralischen Forderung von *innen*, dem Gewissen, entgegen. Wenn aber Recht und Moral nicht eine grosse gemeinsame «Schnittfläche» haben, nämlich die Unversehrtheit an Leib und Seele, die physische und psychische Integrität des Menschen, muss dann ein solcher Gesetzesartikel vom Gesetzgeber nicht nochmals auf sein *Humanum* und auf seine *Biophilie* hin überprüft werden? Die Nächstenliebe liegt auf der Seite der Moral und ausserhalb der gemeinsamen Schnittmenge mit dem Recht.

Exkurs: Die Gottesliebe und die Nächstenliebe gehören zusammen und kommen sowohl im Alten Testament (Dtn 6,4-9; Lev 19,18) als auch im Neuen Testament (Mk 12,28-31; Mt 22, 34-40; Lk 10,25-28) vor.

Warum also soll einem solchen Brautpaar die kirchliche Trauung verwehrt sein, um aus seinem Gewissenskonflikt herauszukommen? Wäre es nicht richtig und gut, wenn sich Politiker überlegen würden, ob nicht der Staat vielleicht seine Renten- und Steuergesetzgebung anpassen sollte, wenn er das Recht zur Ehe wirklich schützen will? Es scheint, dass sich im Steuerbereich eine neue, ehefreundliche Lösung abzeichnet (Tageszeitung *Der Bund* vom 15. Juni 2005). Der Staat soll sich aber nicht in den religiösen Gewissensbereich eines Brautpaares einmischen. Garantiert denn die Bundesverfassung in Art. 15 BV nicht ausdrücklich die Glaubens- und Gewissensfreiheit? Warum also sollen sich zwei ältere Personen, die sich nach dem Tod ihres Ehegatten zu einer neuen Lebensgemeinschaft zusammengefunden haben, nicht ihrem Gewissen folgend kirchlich trauen dürfen, ohne die zivilrechtlichen Folgen einer zivilen Trauung herbeizuführen (Güterrecht, Erbrecht und dadurch ungerechtfertigte Benachteiligung der Kinder aus der vorausgegangenen Ehe)?

Was darf ein von diesem staatlichen Gesetz «geknicktes» Brautpaar noch hoffen, dessen religiöses Anliegen zudem von Medienschaffenden «als Heuchelei bezeichnet und den katholischen Priestern sowie der Amtskirche in dieser Sache Doppelmoral unterstellt» wird? (zit nach: *Maas-Ewerd*). Gibt es keine Rettung mehr? Können sie nur noch mit den Worten *Aeneas* verzweifelt ausrufen: «*Una salus victis nullam sperare salutem*» (Die einzige Rettung für die Besiegten (ist), auf keine Rettung meht zu hoffen) (*Bartels*)[23]

Besteht die einzige Rettung für die Besiegten wirklich darin, auf keine Rettung mehr zu hoffen, weil der Ortsordinarius oder der Pfarrer, den sie um die kirchliche Trauung bitten, vielleicht in diesem Augenblick gerade nicht in der *Heiligen Schrift* (Mt 25,40) liest oder in der Pastoralkonstitution «*Gaudium et spes*»,

[23]Kaus Bartels: «*Una salus victis nullam sperare salutem*» (Die einzige Rettung für die Besiegten (ist), auf keine Rettung mehr zu hoffen) Zit. in «Veni-Vidi-Vici» Geflügelte Worte aus dem Griechischen und Lateinischen (S181). Wissenschaftliche Buchgesellschaft Darmstadt (1992). ISBN 3-534-11920-7.

sondern wieder einmal das «*Corpus iuris civilis*» von *Kaiser Justinian (527–567)* in seine Hände genommen hat und ihnen daraus antworten muss:

«*Nemo potest ad impossibile obligari*» [24]

(Niemand kann zu etwas Unmöglichem verpflichtet werden).

Jesus Hominum Salvator

[24] Papst Bonifatius VIII., Liber sextus decretalium 5,12,6. Zit. von Klaus Bartels in «Veni-Vidi-Vici» Geflügelte Worte aus dem Griechischen und Lateinischen (S181). Wissenschaftliche Buchgesellschaft Darmstadt (1992). ISBN 3-534-11920-7.

Literaturhinweise

Christiana-Verlag Stein am Rhein (2009)
Fe-Medienverlag Kisslegg
ISBN 978-3-7171-1185-6

+

Roland W. Moser

LUX ET LUMEN

Augenlicht und Herzenslicht

Eine Einladung, im Lesen aus der Einseitigkeit eines monokausalen linearen Denkens heraustreten und zu einem ganzheitlichen Sehen und Schauen gelangen können. Ein Buch, das inspiriert, den Blick über die naturwissenschaftlichen Fakten hinaus zu öffnen und im Dialog mit Philosophie und Theologie den ganzen Menschen wahrzunehmen. Ein Zeichen der Zeit, in der intimen Verschränkung von Geist und Sinnlichkeit, dem «Licht in uns» nachzuspüren und das ewige Licht zu suchen.

Aus dem Geleitwort von Dr. h.c. Gerhard Schuwey, Bern, ehem. Direktor des Bundesamtes für Bildung und Wissenschaft.

Paulusverlag Freiburg Schweiz (2012)
ISBN 978-3-7228-0822-2

Roland W. Moser

JESUS CHRISTUS, DER ARZT

Die moderne Medizin hat viel Segensreiches bewirkt. Sie steht aber auch in Gefahr, den Menschen zu verdinglichen. Doch Heilung ist mehr als medizinische Diagnose und Therapie, sondern beinhaltet auch seelische und religiöse Mit-Behandlung. Die einzigartige Geistesverwandtschaft von Medizin und Theologie ist begründet in Jesus Christus selbst, der in seiner Person und seinem Wirken irdisches und ewiges Heil verbunden hat. Jesus hat die Kranken bedingungslos angenommen und ihnen so ihre unverletzliche Würde als Person zurückgegeben. Begleitung, Berührung und Dialog sind die wesentlichen Elemente seines Wirkens. So ist er bis heute das Vorbild des Arztes und aller, die heilend und fürsorgend tätig sind. Jesus Christus, der Heiland, kann und soll auch für die heutigen Ärzte und alle denen Kranke anvertraut sind, der Massstab ihres Handelns sein. Das verdeutlicht der Autor, selber Arzt und Theologe, auf übezeugende Weise anhand von neutestamentlichen Heilungsgeschichten.

Aus dem Geleitwort von Pater Benedikt Schwank OSB Prof. Dr. emerit. für Neues Testament, Erzabtei Beuron.

Verlag Book-on-Demand Berlin (2012)
ISBN 978-3-86386-244-2

Roland W. Moser

LOURDES - QUELLE DER HOFFNUNG

Das Büchlein ist ein Versuch einer biographischen Annäherung an die hl. Bernadette Soubirous und an die Heilungswunder von Lourdes. Es trägt die Handschrift eines Arztes, der eine Pilgergruppe nach Lourdes begleiten durfte. Die spirituellen Reflexionen möchten Wegbegleiter und Beistand für Pilger auf ihrer Suche nach Lebensquellen sein. Mit biblischen Impulsen will der Autor den Blick über die naturwissenschaftlichen Fakten hinaus öffnen und zum interdisziplinären Dialog von Theologie und Medizin inspirieren. Das Buch kann das dunkle Geheimnis von Krankheit und Leiden nicht auflösen. Mitleiden ist nicht Leiden. Es verweist, angesichts der Passio und Compassio Jesu, auf Gott, der allein unserem Leben Sinn und Richtung gibt. In Lourdes gerät die Sicherheit der Atheisten ins Wanken und die Unsicherheit der Gläubigen wird geheilt. «Wer durstig ist, den werde ich umsonst aus der Quelle trinken lassen, aus der das Wasser des Lebens strömt (Offb 21,6).

Geleitwort von Pfarrer Franz Kuhn, Dornach, emerit. Pfarrer der Pfarrei Dreifaltigkeit Bern.

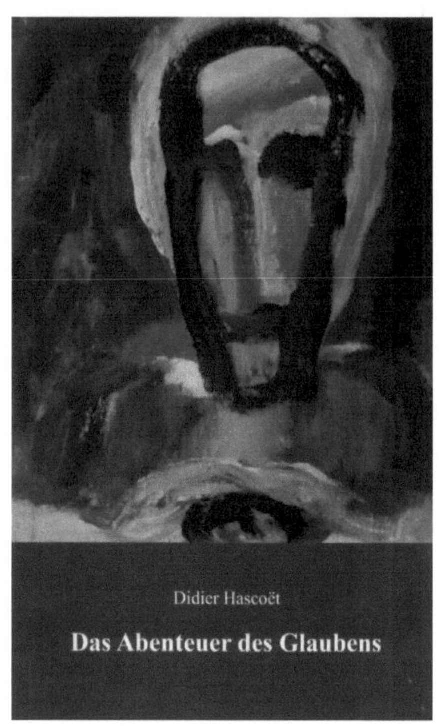

Verlag Book-on-Demand Berlin (2014)
ISBN 978-3-86386-786-7

Roland W. Moser (Hg.)

DAS ABENTEUER DES GLAUBENS

von Abbé Didier Hascoët

«L'aventure de la foi» von Abbé Didier Hascoët erschien im Jahr 1999 in der Collection Lumière der Éditions Le Sarment-Fayard, Paris. ISBN 978-2-86679-273-2

Ins Deutsche übertragen und herausgegeben

von Roland W. Moser

Abbé Didier Hascoët hat den tiefen Wunsch uns an der Liebe Gottes teilnehmen zu lassen, der unaufhörlich Menschen in seinem Namen zusammenzuführen will. Jesus Christus, der uns versichert hat, dass die Armen immer mit uns sein werden (Joh 12,8). Er will in unseren Herzen den Funken des Glaubens und der Nächstenliebe auslösen. Caritas Christi urget nos! (2. Kor 5,14). Der Leser findet in diesem Buch Erzählungen, Erinnerungen, Auslegungen der Bibel, aber auch poesievolle Aufzeichnungen. Gott hat alles durch sein Wort geschaffen, er ist Poet.

Didier Hascoët empfing 1985 die Priesterweihe. Von 1995 bis 2001 war er Pfarrer von Bormes-les-Mimosas und Lavandou. Zur Zeit ist Didier Hascoët Pfarrer in der Strafanstalt von Toulon--La Farlède.

Verlag Book-on-Demand Berlin (2016)
ISBN 978-3-86460-513-0

Roland W. Moser

DIE ENGEL IM BERNER MÜNSTER

Dienstboten der Liebe Gottes

Das Buch ist kein Kunstführer. Es ist ein Versuch einer Annäherung an die bereichernde Vielfalt der Engel im Berner Münster und an die Angelologie im weiteren Sinn. Wir brauchen Engel die uns begleiten, inspirieren und beschützen, durch das ganze Jahr, durch unser ganzes Leben. Wer einen Engel zum Freund hat, braucht die ganze Welt nicht mehr zu fürchten (Martin Luther). Engel sind unsere Anwälte und Fürsprecher, damit wir unser Leben zwischen niederdrückender Schwere und aufrichtender Wärme mit Gottes Hilfe in Würde gestalten können, um dem HERRN den Weg zu bereiten. Beim Jüngsten Gericht wird Christus fragen, ob wir dem «Geringsten seiner Brüder» die Hand gereicht, eine Herberge für die Seele und den Leib gegeben haben (Mt 25,31-46). Engel verkünden die Frohe Botschaft, das Evangelium Jesu Christi. Wir schenken ihnen oft kein Gehör. **C**aritatem **E**go **O**bstat. Die Botschaft der Engel geht an alle Völker und Rassen.

Fürchtet euch nicht, ...
Lk 2,10

Verlag Book-on-Demand Berlin (2017)
ISBN 978-3-86460-735-6

Roland W. Moser

DIE PLAZENTA

Ein Lebensbaum

Die Plazenta ist das verbindende *und* trennende Element zwischen Mutter und Kind, Ernährerin und Grenzwächterin. Ein biologisches Wunder, ein Lebensbaum. Während zehn Lunarmonaten lebt der Mensch in der Geborgenheit des Mutterleibes an der Quelle des Lebens, eingehüllt in sein erstes Kleid und in das Licht der Liebe Gottes. Das Kind im Mutterleib muss sich noch keine Sorgen machen, es muss nicht säen, es darf ernten (vgl. Mt 6,26). Die Nabelschnur verbindet es mit dem Himmel, versorgt es mit Atemluft und Nahrung. Das Fruchtwasser ist das Milieu des ungeborenen Kindes. Es lebt und gedeiht darin wie ein «Fischlein» (ΙΧΘΥΣ). Das Fruchtwasser ist ein Lebenswasser. Das Biologische hört auf, nur biologisch zu sein. Die Verwurzelung der Plazenta im Mutterleib könnte eine Metapher sein für unsere Verwurzelung schlechthin. Das Büchlein ist ein fragmentarischer Versuch, am Ende meiner beruflichen Laufbahn das Wunder von dem vorgeburtlichen Lebensbaum zu entfalten, der nach Wasser dürstet. So wie das Kind im Mutterleib nach frischem Wasser dürstet, so dürstet auch unser Leib und auch unsere Seele nach Wasser (vgl. Ps 42,2; Joh 4,7-15).

Fromm Verlag Saarbrücken (2017)
ISBN 978-3-8416-0978-6

Roland W. Moser

WOHNEN IM ALTER

GeDanken für das Leben im Burgerpittel

Geleitwort von Pfrn. Marianne Bartlome-Michel, Spittelpfarrerin

Der Mensch ist ein homo viator, auf dem Weg, ein Pilger. GeDanken zum Leben und Wohnen im Alter stehen in einem Kontext mit Rückschau, Abschied und Neubeginn. Der Schritt durch das Hauptportal eines Altersheims erweist sich für die meisten Menschen als Auszug aus einer vertrauten Welt und Einzug in eine noch unbekannte Welt, um mit Würde dem Lebensende entgegenzugehen, als Individuum, als einmaliger Mensch, als Person. Gefühle der Entwurzelung und Verpflanzung sind vielleicht wechselwirkend miteinander verflochten. Betagte, die in den Spittel eintreten dürfen, um hier die letzte Wegstrecke ihres irdischen Daseins zu verbringen, haben Grund zum Danken (griech. *eucharistein*). Der Burgerspittel ist ein irdisches Paradies. Ein Regenbogen über den Lebensjahrzehnten. Möge allen, die durch das Hauptportal eintreten, die Hoffnung vorausgehen.

«Seid stets bereit, jedem Rede und Antwort zu stehen, der nach der Hoffnung fragt, die euch erfüllt.»

(1. Petr 3,15)

Verlag Book-on-Demand Berlin (2017)
ISBN 978-3-86460-803-2

Roland W. Moser

VOM LOBGESANG DER GRILLEN

GeDanken aus der Provence

Der Essay ist ein Gotteslob und ein Lob an die Schöpfung, verflochten mit Lebenserfahrungen, Glaubenserfahrungen und Familiengeschichte. Inspiration zum Hören, Schauen, Bewundern, Staunen, Danken und Beten. Ein «Sonnengesang». Aufforderung zum Erhalten und Bewahren, zum verantwortungsvollen Umgang mit der uns anvertrauten Umwelt. Der Glaube und die Wunder der Natur bilden eine Einheit. Die Cigales der Provence sind Symbol und Metapher für Lebensfreude und Hoffnung, Freude ist ein Schlüsselwort von Papst Franziskus. Freude und Hoffnung sind nicht verfügbar. Sie sind ein Geschenk der Gnade. Die Cigales wenden sich mit ihrer Botschaft, mit ihrem Lobgesang an die Menschen aller Nationen, Religionen und Konfessionen. Sie können uns auf andere Gedanken lenken, von unsrem Ego ablenken. Die GeDanken aus der Provence sind eine Pilgerreise in ein Land der Grillen, Möge Gott allen Menschen nahe sein, die im Land des Lichts beim Gesang der Grillen Ruhe, Erholung, Kraftschöpfung und neue Hoffnung suchen.

U.I.O.G.D

Fromm Verlag Saarbrücken (2018)

ISBN 978-620-2-44222-0

Roland W. Moser

KOMM KEIM NACH IRLAND

Reise auf die Insel des Glaubens

«Irland ist, im Guten und im Bösen, mit keinem anderen Himmelstrich zu vergleichen; und kein Mensch kann seinen Rasen berühren oder seine Luft einatmen, ohne besser oder schlechter zu werden.» (George Bernard Shaw). Das Buch ist kein Reiseführer. Es entfaltet ein «Sammelsurium» aus dem Erinnerungsschatz des Autors mit dem der Verfasser die Leserinnen und Leser zu Quellen der Nächstenliebe und des Friedens führen möchte. Grosse Teile der Grünen Insel leben noch von der weiten unverbauten Landschaft. Sie ist so schön, dass man glaubt zu träumen, auch wenn Wolken die Sonne während Regenschauern verdecken. Auch Schatten, die auf unser Leben fallen, werden zum Zeichen dafür, dass irgendwo die Sonne scheint. Unberührte Naturschönheit im Wechsel mit unzählbaren Zeugen einer belasteten und belastenden, aber auch ermutigenden Kirchengeschichte. Irland kannte blühende Zeiten des christlichen Glaubens und monastischer Gelehrsamkeit. Davon zeugen Meisterwerke der Gold- und Bronzeschmiedekunst und der Buchkunst. Erinnerungsbilder des Erlebten, des Gesehenen und Wahrgenommenen ermöglichen uns, aus der persönlichen Sicht der Gegenwart, die Vergangenheit zu befragen, um Zukunft zu gestalten.

Fromm Verlag Saarbrücken (2018)
ISBN 978-613-8-35572-4

Roland W. Moser

MEDIZIN IM SPANNUNGSFELD DER MACHBARKEIT

Wissenschaft und Glaube
mit einem Geleitwort von
Pfrn. Marianne Bartlome-Michel

Die Wissenschaft hat vieles hervorgebracht, das Bewunderung auslöst. Segensreiche Fortschritte zum Wohle kranker und verunfallter Mitmenschen. In dankbarer Anerkennung der Fortschritte sollten wir aber auch die Frage stellen: Wo sind wir hingelangt? Hinter den Erfolgen der modernen Medizin lauert die Gefahr, den Menschen zu verdinglichen und die Sinnfrage zu vergessen. Professor Jakob Klaesi sagte 1950 in seiner Rektoratsrede: «Das alles ist der Arzt: Ein Wissenschaftler, ein Krieger, ein Erbarmer, ein Erzieher, ein Priester und ein Künstler. Sein höchstes ärztliches Wirken und Können setzt da ein, wo die Heilbarkeit der Krankheit aufhört» Der interdisziplinäre Dialog könnte uns vielleicht von der Blindheit gegenüber den Grenzen und gegenüber der Sinnfrage und vom Glauben an die Reproduktion leidloser Menschen, ewiger Jugend und Unsterblichkeit befreien. Dazu ist die Rektoratsrede von Professor Hans Goldmann «Vom Geist der Medizin» (1965) ist ein zeitloses Dokument. Pflichtlektüre für jeden Medizinstudenten. Der Mensch ist ein homo viator, auf dem Weg, ein Pilger. Das Leben ist ein lebenslanger Weg der Handreichung, schweigend, mit einem Blick in die Augen, anstelle von belehrenden Worten und «Informed Consent». Gesundheit ist etwas Verborgenes. Der Arzt hat nicht das letzte Wort, «Mein Vater, nicht wie ich will, sondern wie Du willst.» (Mt 26,39).

Printed by Books on Demand GmbH, Norderstedt / Germany